Sabine Seyffert

Wohlfühlinseln für Mütter

Tipps und Ideen
zum Lachen, Kuscheln,
Glücklichsein

Illustrationen von Doris Rübel

Kösel

ISBN 3-466-30567-5
© 2001 Kösel-Verlag GmbH & Co., München
Printed in Germany. Alle Rechte vorbehalten
Druck und Bindung: Kösel, Kempten
Illustrationen: Doris Rübel
Umschlagmotiv: Corbisstockmarket
Umschlag: Elisabeth Petersen, München

Inhalt

Vorwort

Liebe Mütter und liebe Kinder,

nachdem ich bereits einige Bücher mit Ideen für Kinder veröffentlicht habe, in denen es darum geht, sich zu entspannen und sich wohl zu fühlen, und auch ein Buch für gestresste Mütter, habe ich nun etwas geschrieben, das sowohl Mütter als auch Kinder ansprechen möchte.

Was tut Mutter und Kind gut? Wie entsteht ein harmonisches Zusammenleben, das den Wünschen und Bedürfnissen aller Familienmitglieder gerecht wird?

Ein Hinweis an die Väter

In der Regel ist in diesem Buch von Müttern und nicht von Vätern die Rede. Das soll auf keinen Fall bedeuten, dass ich die Väter ausschließen möchte – im Gegenteil. Nur ist es in den meisten Familien eben so, dass sich die Frauen im Alltag um die Kinder kümmern und die Väter berufstätig sind. Sollte das bei Ihnen anders sein, bitte ich Sie als Vater herzlich um Nachsicht, wenn ich Sie nicht persönlich erwähne und anrede. Gerade aber das Wochenendkapitel (siehe Seite 93) ist sicher für alle Väter besonders lesenswert.

Um zu erfahren, wie es anderen Müttern geht und was deren Ansicht nach dazu beiträgt, dass sie sich gemeinsam mit ihren Kindern wohl fühlen, habe ich Freundinnen, Bekannte und Verwandte im wahrsten Sinne des Wortes gelöchert. Auch bei zahlreichen Teilnehmerinnen meiner Veranstaltungen und Kurse habe ich mich umgehört, um noch mehr Meinungen und Anregungen zu erhalten. Dabei ist schließlich so viel an Impulsen, Einfällen und Wünschen zusammengekommen, dass eine umfangreiche Sammlung entstanden ist. Die darin enthaltenen Ideen stammen aus den unterschiedlichsten Bereichen – Beschäftigungsanregungen, Vorschläge zum emotionalen Miteinander, Tipps zur Zeitplanung und für den Familienalltag – und wollen alle dazu beitragen, dass es der Familie zusammen gut geht.

Ich wünsche nun allen Müttern, Vätern und den Kindern viele schöne Momente, glückliche Stunden und ausreichend Zeit, den Alltag zusammen zu genießen und sich gemeinsam wohl zu fühlen.

Mit den besten Wünschen
Ihre

Sabine Seyffert

Mehr Zeit zum Reden, Spielen, Lachen

Wann haben Sie sich das letzte Mal »frei« genommen? Wie lange ist es her, dass Sie sich bzw. dem Haushalt und allem, was an lästigen Dingen dazugehört, »Urlaub« gegönnt haben? Ich meine so richtig und wirklich, so dass Sie den Kopf frei hatten und voll und ganz für Ihre Kinder da waren? Nicht nur mal für eine Stunde zwischendurch. Nein, den ganzen Nachmittag nur Sie und Ihre Kinder!

Lassen Sie den Haushalt Haushalt sein. Der Berg Wäsche, der längst gebügelt werden sollte, kann sicher noch einen Tag länger warten und auch das Telefon hat mal Pause. Schalten Sie den Anrufbeantworter ein oder stöpseln Sie das Telefon aus. Nehmen Sie sich Zeit für sich und Ihr Kind. Reden, spielen und lachen Sie, so viel Sie nur wollen, und tun Sie nur die Dinge, zu denen Sie auch wirklich Lust haben. Stellen Sie sich vor, Sie wären im Urlaub und bräuchten wirklich nichts zu tun. Wenn das Wetter gut ist und Sie Lust haben, machen Sie gemeinsam spontan einen Ausflug. (Jede Menge Vorschläge dazu finden Sie ab Seite 57.)

Der Alltag läuft Ihnen nicht davon

Oder bauen Sie sich aus Tüchern, Tischen, Matratzen und Kissen eine tolle Bude. Wie wäre es, wenn Sie das Bett gemeinsam in ein windschnittiges Boot verwandeln und damit »in See« stechen? Fahren Sie auf eine einsame Insel oder sonst wohin, wo es Ihnen gefällt. Nehmen Sie sich Proviant mit: Eine Flasche Saft, Äpfel und Kekse werden erst mal ausreichen. Lassen Sie Ihrer Phantasie freien Lauf, seien Sie selbst ganz und gar Kind und vergessen Sie all die vielen Sorgen und Probleme, mit denen Sie sich sonst viel zu oft und viel zu lange die gute Laune verderben.

Viel Spaß und vergessen Sie nicht: Der Alltag läuft Ihnen nicht davon. Er kann auch mal bis morgen warten!

Die lästige Pflicht

Natürlich weiß ich, dass Sie sich nicht jeden Tag Urlaub nehmen und mit Ihren Kindern eine entspannte Kreuzfahrt machen können, wenn sich der unerledigte Haushalt wie stürmische Wogen um Sie herum auftürmt.

Leider gehört es zum Alltag dazu, dass auch die lästigen Pflichten wie

beispielsweise das Aufräumen, Putzen und Waschen erfüllt werden müssen. Aber sind dies wirklich alles Aufgaben und Pflichten, die Sie als Mutter ganz alleine zu erledigen haben? Sehen Sie es doch einfach einmal als Herausforderung, einige der Tätigkeiten an andere Familienmitglieder zu delegieren.

Versuchen Sie die Aufgaben, die in Ihrem Haushalt anfallen, schriftlich festzuhalten. Schreiben Sie bei einer Tasse Tee auf, was Sie den lieben langen Tag alles zu tun haben. Lassen Sie auch die Kleinigkeiten wie Papierkörbe leeren oder Saft aus dem Keller holen nicht aus.

Notieren Sie auf einem zweiten Blatt die Dinge, die nur ab und zu anfallen: Fenster putzen, Kühlschrank abtauen, Rasen mähen, Gartenarbeit, Altpapier und leere Flaschen zum Container bringen etc.

Vielleicht fragen Sie sich jetzt, was Aufräumen, Putzen, Waschen damit zu tun hat, dass es Mutter und Kind gut geht. In den zahlreichen Gesprächen jedoch, die ich mit Kursteilnehmerinnen, Freundinnen und Bekannten geführt habe, spielte dieser Bereich eine enorm wichtige Rolle! Es ist ein schwieriges Gebiet, das so manche Mutter zur Verzweiflung treibt und immer wieder zu turbulenten Diskussionen innerhalb der Familie führt. Deshalb will ich eben dieses Thema nicht außen vor lassen. Ich möchte Ihnen als Mutter keine Ratschläge geben, wie Sie Ihren stressigen Alltag besser in den Griff bekommen. Vielmehr geht es mir um Erfahrungen und Ideen, wie Sie gemeinsam mit Ihrem Kind und Ihrer Familie diesen Bereich so umorganisieren und strukturieren, dass Sie als Mutter zufriedener sind und auch die Kinder lernen, Verantwortung zu übernehmen.

Für ein harmonisches Miteinander müssen alle etwas tun

Geht das nicht auch anders?

Aufräumen, Putzen, Waschen – wie klappt das so, dass alle zufrieden sind? Dazu gibt es sicherlich die unterschiedlichsten Meinungen und Ideen. Vielleicht unterhalten Sie sich darüber mal mit Freundinnen, Bekannten und Verwandten, die ebenfalls Kinder haben. Wie halten die es mit der Ordnung? Was hat bei den anderen zum Erfolg geführt? Welche Dinge klappen überhaupt nicht? Was kann man ausprobieren?

An dieser Stelle möchte ich Ihnen einige Vorschläge mit auf den Weg geben, die bei uns ganz gut funktionieren:

❑ Räumen Sie nur einmal am Tag gründlich auf. Nämlich dann, bevor die Kinder ins Bett gehen. Dieser Zeitpunkt eignet sich deshalb besonders, weil dadurch nicht nur wieder etwas mehr Ruhe einkehrt, sondern den Kindern auch die Reize genommen werden. Wenn nämlich im Kinderzimmer noch lauter Spielsachen herumliegen und die »Kleinen« eigentlich schlafen sollen, stehen sie in der Regel auch schnell wieder aus den Betten aus, um weiterzubauen o.Ä. Wenn Ihr Kind noch recht klein ist und die Wahrscheinlichkeit groß, dass Sie hin und wieder in der Nacht ins Kinderzimmer müssen, hat das abendliche Aufräumen auch den großen Vorteil, dass Sie im Dunklen nicht über spitze Duplosteine, aufgetürmte Bauklötze oder den Roller fallen, der quer im Zimmer liegt!

❑ Haben Sie mehrere Kinder und teilen sich diese ein Kinderzimmer, lassen Sie jeden Abend im Wechsel einen den »Kaiser« sein. Dieser darf sich auf einen Stuhl setzen und seinen Bediensteten beim Aufräumen zusehen.

❑ Ältere Kinder, etwa ab Schulalter, sollten alleine für ihr Zimmer verantwortlich sein. Wenn sie dabei Hilfe brauchen, sollten Sie ihnen etwas unter die Arme greifen, gerade wenn am Nachmittag andere Kinder zum Spielen da waren und nicht gemeinsam aufgeräumt worden ist. Aber in diesem Alter legen die meisten Kinder so hohen Wert darauf, schon groß zu sein, dass sie auch ruhig die Verantwortung für ihr Reich übernehmen können!

❑ Auch kleine Kinder können und sollen beim Aufräumen mithelfen. Schaffen Sie sich übersichtliche und für Kinder offensichtliche Aufbewahrungsmöglichkeiten an wie beispielsweise stapelbare Holzkisten, eine Truhe für Stofftiere, einen Karton für sämtliche Bälle, eine Kiste für Bücher, eine Schublade für Autos etc. Wenn Sie diese für die Kinder mit kleinen Bildern kennzeichnen, wissen die Kinder auch sofort, wo welche Spielsachen hingehören. Je eher Sie damit anfangen, die Kinder miteinzubeziehen, desto einfacher ist es.

❏ Machen Sie das Aufräumen für große »Aufräummuffel« schmackhaft, indem Sie diese mit einer schönen, langen Gute-Nacht-Geschichte locken, für die natürlich viel mehr Zeit bleibt, wenn alle schnell mithelfen!

❏ Vermeiden Sie ständiges Aufräumen. Wenn Kinder mit im Haus leben, fliegt logischerweise auch oft Spielzeug herum. Sicherlich muss dieses nicht unbedingt in der gesamten Wohnung verteilt werden, aber permanentes Hinterher- und Wegräumen raubt Müttern einfach den letzten Nerv. Vor allen Dingen hat man dann schnell das Gefühl, nur noch für das Aufräumen von Spielzeug da zu sein. Versuchen Sie in dem Fall lieber mit Ihren Kindern Kompromisse zu finden: »Ihr dürft die Eisenbahn im Wohnzimmer aufbauen, wenn ihr sie auch nachher wieder ohne Murren alleine wegräumt« usw. Dabei möglichst konsequent sein, wenn die Abmachung nicht eingehalten wird!

Sicher gibt es Dinge, die man täglich erledigen sollte. Bei uns sieht es beispielsweise nach den Mahlzeiten recht chaotisch aus. Da meine Töchter alle drei »alleine!« essen oder sich auftun wollen, landet schon die ein oder andere Nudel auf dem Boden, ein Glas fliegt um und der Inhalt verläuft auf dem Boden, dann krümelt der Kuchen und der Löffel aus dem Müsli fällt in hohem Bogen herunter ... Von daher wird bei uns nach jeder Mahlzeit tüchtig gesaugt. Natürlich könnte ich mir noch einen Eimer Wasser, Lappen und Schrubber zum Putzen holen, aber dafür ist mir meine Zeit ehrlich gesagt zu schade. Einmal die Woche wird alles gründlich gewischt und das muss dann wieder sieben Tage halten. Kinder sind eben leben-

Probieren Sie aus, was bei Ihnen zu Hause am besten klappt

dig und machen Dreck. Den sollte man in Kauf nehmen, anstatt ständig hinter allem und jedem herzuputzen. Sie werden dadurch nur unzufrieden und Zeit bleibt Ihnen auch nicht mehr viel. Ihre Unzufriedenheit wird sich dann wieder auf die Stimmung der Kinder auswirken und im Nu stecken Sie in einem Teufelskreis. Lassen Sie es erst gar nicht so weit kommen! Verbringen Sie diese Zeit lieber mit Ihren Kindern!

❐ Größere Putzaktionen, wie etwa das Fensterputzen, könnten Sie sich beispielsweise auch für die Samstagvormittage vornehmen. Während der eine einkaufen geht, putzt ein anderer die Fenster, einer saugt die Wohnung und leert die Mülleimer.

❐ Gönnen Sie sich Hilfen: Lassen Sie sich von Ihrem Supermarkt oder einem Getränkedienst alle Getränke bringen, die Sie während der Woche benötigen. Das erspart Ihnen nicht nur die Zeit zum Einkaufen, sondern auch die schwere Schlepperei! In der Regel sind diese Getränketaxis oder -dienste nicht viel teurer. Auch die inzwischen gängigen »Wassersprudler« schonen Ihre Kräfte, die Haushaltskasse und brauchen wenig Platz. Engagieren Sie sich alle acht Wochen einen Fensterputzer. Wie wäre es mit einer Bügelhilfe, die alle vierzehn Tage Ihre Wäsche wäscht, faltet, bügelt, Betten bezieht etc.? Vielleicht finden Sie eine echte »Perle«, die Ihnen einmal pro Woche die Wohnung auf Vordermann bringt: saugt, das Bad richtig putzt, die Küche wischt etc.

❐ Sicherlich sind solche Hilfen auch eine Kostenfrage. Aber ich kenne viele, denen eine derartige Unterstützung das Geld wert ist. Schließlich ist dies auch Zeit, die Ihnen selbst bleibt, die Sie mit Ihren Kindern und Ihrem Partner verbringen können.

❐ Erledigen Sie Dinge wie beispielsweise das Einkaufen mit Ihren Kindern. Zum einen ist es für Sie eine Hilfe, weil Sie nicht alles allein schleppen müssen. Zum anderen erspart Ihnen das auch viel Nörgelei ums Essen. So können die Kindern nämlich schon beim Einkaufen mit entscheiden, worauf sie Hunger haben und was gekocht werden soll. Kaufen Sie auch ruhig ab und zu mal Fertiggerichte oder andere Zutaten, aus denen dann die Kinder zur Abwechslung selbst das Mittagessen zubereiten! Wenn Sie jedoch wissen, dass gemeinsames Einkaufen doppelten Stress für alle bedeutet, schreiben Sie zusammen die Einkaufsliste und überlegen Sie, wie die Kinder in der Zwischenzeit betreut werden können. Vielleicht kann eine Nachbarin einspringen?

❐ Erstellen Sie beispielsweise auf einer Familienkonferenz (siehe Seite 109) einen Arbeitsplan. Teilen Sie jede Woche bestimmte Aufgaben auf, die die jeweiligen Familienmitglieder zu erledigen haben. Warum sollten alle lästigen Pflichten nur zum Aufgabenbereich einer Mutter gehören?!

Rituale im Tagesablauf

Unser Alltag ist durch das Zusammenleben mit Kindern in der Regel recht aufregend. Immer wieder werden wir durch unvorhersehbare Dinge wie plötzliche Krankheiten, kleinere oder auch größere »Unfälle«, Launen oder anderes »aus der Bahn« geworfen. Meist sind dann die Mütter gefordert, die Situation in den Griff zu bekommen, sie zu meistern und das Beste daraus zu machen.

Doch bedenken Sie auch, wie viele neue Erfahrungen Ihre Kinder täglich machen, was sie ständig dazulernen, was in Kindergarten und Schule alles passiert ... Für Kinder ist jeder neue Tag schon »Aufregung« genug. Da ist es für die ganze Familie hilfreich, bestimmte, stets gleich bleibende Abläufe und Rituale im Alltag zu erleben. Diese Rituale bieten Kindern enorme Sicher- **Rituale geben Kindern Sicherheit** heit und fördern zudem einen relativ reibungslosen Tagesablauf. Gerade wenn Sie mehr als ein Kind haben, ist es für jede Mutter sehr angenehm, wenn sämtliche Familienmitglieder durch gewohnte Abläufe zu einem eingespielten »Team« werden.

Das soll nicht heißen, dass Sie jede Minute eines Tages nach Plan A mechanisch ablaufen lassen. Vielmehr geht es um Kleinigkeiten, die den Kindern durch bestimmte Rituale Halt geben.

Morgens um 7.00 ist die Welt noch in Ordnung ...?!

Morgens, nachdem der Wecker den neuen Tag eingeläutet hat, geht bei vielen Familien die Hektik los: Jeder will zuerst ins Bad, Lukas hat mal wieder gar keine Lust aufzustehen, weil ihn vor lauter Angst vor der Mathematikarbeit Bauchschmerzen plagen, Maja meckert lauthals, weil sie ihr Turnzeug – wie jeden Mittwoch – nicht finden kann, und Sie selbst haben vor lauter Stress die Milchflasche fallen lassen und ein Liter Vollmilch verteilt sich auf dem frisch geputzten Küchenboden ...

Um solcher morgendlichen Hektik entgegenzuwirken, könnten Sie bestimmte Abläufe entwickeln, die diesen Stress eindämmen. Nehmen Sie das

Thema doch einmal auf Ihre nächste Familienkonferenz mit (siehe auch Seite 109) und versuchen so gemeinsam auf einen Nenner zu kommen. Vielleicht sollte Lukas in Zukunft vor einer Arbeit ausgiebiger üben und zudem durch gezielte Entspannungsübungen lernen, dem Schulstress positiv entgegenwirken (Buchtipps dafür finden Sie ab Seite 117). Auch Maja sollte lernen, ihre Schultasche und alles, was sie für den nächsten Tag be-

Was hilft gegen morgendlichen Stress?

nötigt, bereits am Abend vorher zusammenzusuchen. Die gesamte Familie könnte mithelfen, das Frühstück zuzubereiten, damit nicht Sie alleine in Hektik verfallen, sondern auch entspannter den neuen Tag in Angriff nehmen können. Entweder bereitet jeden Tag ein anderer das Frühstück vor oder alle zusammen helfen mit. Ebenso gut könnte man auch am Abend vorher zumindest Brettchen, Becher und Besteck auf den Tisch stellen, so dass am nächsten Morgen nur noch die frischen Lebensmittel auf den Tisch kommen müssen.

Großen Morgenmuffeln sollte man ans Herz legen, eine Weile alleine vor sich hin zu muffeln, damit die anderen Familienmitglieder diese Laune nicht ertragen müssen und in Mitleidenschaft gezogen werden. Vielleicht sollte sich derjenige einfach selbst einen Wecker stellen und den zehn Minuten eher, um durch gezielte Entspannungsübungen o. Ä. einen besseren Start in den Tag zu erleben!

Probieren Sie als Familie aus, welche Lösung Ihnen für einen reibungslosen Ablauf am Morgen am besten gefällt und mit welchen Ideen Sie am

Der Start am Morgen bestimmt oft unsere Laune für den Tag

besten klarkommen. Versuchen Sie Hand in Hand zu arbeiten und den Start in den neuen Tag gemeinsam zu genießen. Vielleicht sind ja alle bereit, fünfzehn Minuten eher aufzustehen, um in Ruhe gemeinsam zu frühstücken. Stellen Sie eine Kerze auf den Tisch und machen Sie ruhige Musik an. Das hebt die Stimmung und vertreibt auch dem größten Morgenmuffel die schlechte Laune!

Ein paar Tipps

❑ Das große Weckkonzert für Morgenmuffel: Derjenige, der morgens als Erster fit und fröhlich ist, darf singend von Zimmer zu Zimmer gehen und die Vorhänge aufziehen, Küsschen verteilen o.Ä.

❑ Gibt es im Bad immer Ärger? Wie wär's mit einer Badezimmerbelegliste? Der Erste im Bunde benutzt das Bad von 7.00 bis 7.15 Uhr, der zweite von 7.15 bis 7.30 Uhr ... Damit es gerecht bleibt, kann die Einteilung auch jede Woche neu bestimmt werden. In der Zeit, in der das Bad besetzt ist, können alle anderen z.B. den Tisch decken, die Betten machen usw.

Wann ist das Mittagessen endlich fertig ...

Auch mittags spielt sich in den meisten Familien immer wieder das gleiche »Drama« ab: Die Kinder kommen müde und kaputt aus dem Kindergarten oder schlecht gelaunt aus der Schule, der Magen knurrt und – alle brauchen dringend eine Auszeit!

Meine Freundin Renate sagte neulich zu mir: »Wenn mittags zwischen zwölf und eins das Telefon klingelt, könnte ich an die Luft gehen! Ich stehe da zwischen drei nörgelnden Kindern, die ständig fragen, wann denn endlich das Essen fertig ist, und den Töpfen auf dem Herd. Ein Kind muss dringend auf Klo und das Nudelwasser kocht gerade über ...«

Solche Situationen oder ähnliche sind wohl jeder Mutter hinreichend bekannt. Von daher habe ich bei uns die Regelung eingeführt, dass ich unmittelbar nach dem Frühstück für eine halbe Stunde in der Küche verschwinde, um das Mittagessen vorzubereiten. Nach dem Frühstück sind meine Töchter allesamt noch fit und in der Lage, sich alleine zu beschäftigen. Gegen Mittag ist das nicht mehr möglich und unter ständigem Genörgel

Mittags ist bei allen die Luft raus

und Geschrei habe ich weder die Nerven noch die Lust zu kochen! Da ich das Essen schon vorbereitet habe, muss ich es mittags nur noch in den Ofen schieben oder warm machen. Das spart Zeit und schont insbesondere meine Nerven. Und wenn wir vormittags unterwegs sind, brauche ich mich gegen Mittag nicht abzuhetzen, um rechtzeitig zu Hause zu sein, um das Essen zu machen!

Doch nicht nur Kinder, auch Erwachsene brauchen Verschnaufpausen. Vielleicht überlegen Sie sich mal, wie eine solche Pause bei Ihnen aussehen könnte. Es müssen ja nicht alle eine Stunde Mittagsschlaf halten. Es reicht auch, wenn Sie sich nach dem Mittagessen eine halbe Stunde mit Ihren Kindern aufs Sofa kuscheln und eine Geschichte lesen, ruhige Musik hören, eine Phantasiereise oder Entspannungsübung machen oder sich über Ihren Vormittag unterhalten. Was hat Simon alles in der Schule erlebt? Worüber hat er sich geärgert, hat es Streit gegeben? War etwas besonders schön? Was ist bei Lena im Kindergarten passiert und wie war es bei Ihnen?

Harmonischer Ausklang des Tages

Der Abend ist den meisten Familien heilig. Der Tag klingt allmählich aus und gerade der Abend ist für die Eltern die Zeit, die sie gemeinsam genießen und nach eigenen Vorstellungen gestalten möchten. Der Abend sollte einen harmonischen Ausklang bilden.

Nehmen Sie sich die Zeit, zusammen Abend zu essen, sich über den Tag zu unterhalten und in aller Ruhe beisammen zu sein. Was Sie danach machen, kommt natürlich ganz darauf an, in welchem Alter Ihre Kinder sind. Man könnte gemeinsam den Abendbrottisch abräumen und das größte Chaos in der Küche beseitigen. Anschließend machen sich die Kinder soweit »bettfertig«: Schlafanzug anziehen, Zähneputzen, ggf. Schulsachen packen ...

Dann sollten Sie sich, egal wie müde und schlapp Sie selbst sind, die Zeit nehmen, um Ihren Kindern eine gute Nacht zu wünschen. Das kann in Form eines Schlafliedes sein, einer Vorlesegeschichte oder bei älteren Kindern in Form eines Gesprächs, das Sie unter vier Augen und in aller Ruhe führen. Dabei kommen oft Dinge zur Sprache, die während des Tages untergehen oder die eben sehr persönlich sind und die Kinder deswegen lieber ansprechen, wenn sonst niemand zuhört. Klärende, offene Gespräche am Abend sind wichtig, damit die Kinder – und natürlich auch Sie selbst – zur Ruhe kommen und gut schlafen können. Vielleicht hat Ihr Kind auch Ängste vor dem Kindergarten oder der Schule, die es bedrücken. Oder es gibt Dinge, die am Tag passiert sind, über die Ihr Sprössling noch gerne einige Worte wechseln möchte. Kinder verarbeiten durch solche Gespräche das Erlebte besser und können anschließend auch schneller abschalten bzw. in den Schlaf finden.

Ältere Kinder haben sicherlich keine Lust gegen 19.30 Uhr schon ins Bett zu gehen und zu schlafen. Müssen sie auch nicht, dennoch sollte der Abend Ihnen und Ihrem Partner zur Verfügung stehen. Schließlich waren Sie schon den ganzen Tag für die Kinder da und haben sich Ruhe verdient. Wie wäre es in dem Fall mit folgender Regelung: Wer noch nicht schlafen möchte, muss es nicht, sollte sich aber ruhig im Zimmer aufhalten: beispielsweise etwas lesen, Tagebuch oder einen Brief schreiben ... Jedenfalls darf kein anderer sich dadurch gestört fühlen und am Schlafen gehindert werden!

Vielleicht haben Sie ja auch andere Lösungen und Ideen, die Sie gemeinsam bei einem ruhigen Abendessen besprechen könnten. Probieren Sie ruhig aus, was gut funktioniert. Nur sollten Sie vermeiden, täglich mit etwas Neuem zu experimentieren, denn das macht gerade jüngere Kinder unsicher und bringt viel Unruhe mit sich.

Schmusen, Kuscheln, Glücklichsein

Im Alltag, der oft sehr stressbeladen ist, bleibt meist wenig Zeit zum Schmusen, Kuscheln und Glücklichsein. Aus diesem Grund habe ich in diesem Kapitel einige Ideen zusammengetragen, die mehr Zeit und Raum für Zärtlichkeiten schaffen. Versuchen Sie in Ihren Alltag kleine Kuscheleinheiten und Schmusestunden einzubauen. Diese müssen nicht sehr zeitaufwändig und bis ins Detail geplant sein. Viel wichtiger ist es, dass Sie dabei voll bei der Sache sind und diese innigen Momente mit Ihrem Kind richtig genießen.

Die folgenden Massagen können Sie ganz leicht mit Kindern durchführen und umsetzen.

Massagen für Mutter und Kind

Mit Massagen meine ich dabei nicht therapeutische oder gar medizinische Heilbehandlungen. Mein Anliegen ist es vielmehr, dass Sie Ihrem Kind und auch sich selbst Zeit für liebevolle Berührungen und körperliche Nähe schenken. Diese Nähe gibt Sicherheit, Vertrauen und uns allen das Gefühl des Geborgenseins. Leider nehmen wir uns in unserem hektischen Alltag viel zu selten Zeit dafür. Dabei kann eine liebevolle Umarmung, ein sanftes Streicheln oder ein zärtlicher Kuss ganz viel neuen Mut und Kraft schenken.

Schon für Babys gibt es nicht Schöneres als getragen, gestreichelt und sanft gewiegt zu werden. Meine Tochter Nele beispielsweise hatte eine Phase, während der sie ständig und überall von mir im Tragetuch getragen werden wollte. Sie genoss die körperliche Nähe und Wärme.

Meine Tochter Pina dagegen ist oft »sparsam«, was Körperkontakt betrifft. Es gibt bei ihr Tage, an denen sie gerne und oft auf den Schoß genommen werden möchte. Auch muss ich jeden Abend zum Kuscheln in ihr Hochbett kommen. Aber es gibt bei Pina auch Zeiten, in denen sie auf den sonst so wichtigen Gute-Nacht-Kuss verzichtet und einen distanzierten Handkuss vorzieht. Dabei ist es ihr sehr wichtig, selbst zu entscheiden, wie viel Nähe und Berührungen sie möchte. Es ist dringend not-

Kinder sollten selbst entscheiden, wie viel Nähe sie möchten

wendig, die Bedürfnisse der Kinder zu respektieren und deren Grenzen zu achten, denn das stärkt die Kinder und gibt ihnen den Mut Nein zu sagen, wenn ihnen etwas nicht passt. Missachten wir ihre Grenzen aber ständig, resignieren die Kinder irgendwann, weil sie sehen, dass ein Nein keinen Zweck hat und ihre Wünsche doch immer überhört werden.

Trotz dieser individuellen Unterschiede ist es für die Kinder und natürlich auch für uns Eltern sehr wichtig, dass ausreichend Zeit für zärtliche Stunden im Alltag bleibt. Vor allem dann, wenn bei uns zu Hause viele Termine anstehen und die Kinder außer Rand und Band sind, wirken solche Massagen, wie ich sie Ihnen in diesem Kapitel vorstellen will, wahre Wunder. Zudem bekommen die Kinder durch diese Berührungen ein gutes Gefühl für den eigenen Körper und seine Bedürfnisse. Darüber hinaus lernen sie auch, auf andere einzugehen, und erfahren, dass andere Personen auch andere Empfindungen haben können – nämlich dann, wenn die Kinder sich gegenseitig oder ihre Eltern massieren. Das gibt den Kindern dabei zudem ein gutes Selbstwertgefühl! Meine beiden älteren Töchter sind jedenfalls immer furchtbar stolz, wenn sie beispielsweise auf meinem Rücken »Pizza gebacken« haben. Mittlerweile darf ich dabei auch nichts mehr sagen, sondern die beiden sprechen die »Übungsanleitung« mit ihren eigenen Worten und denken sich dazu auch andere passende Bewegungen aus.

Wichtige Tipps und Ratschläge zu den Massagen

❏ Den Raum angenehm temperieren, so dass sich alle wohl fühlen und keiner friert.

❏ Damit es so richtig gemütlich wird, sollten Sie sich ein tolles Nest zum Kuscheln bauen. Kissen, Decken, eine Matte oder Matratze leisten dabei gute Dienste.

❏ Nehmen Sie sich ausreichend Zeit. Nur so können Sie dabei auch neue Kraft tanken und das Zusammensein mit Ihrem Kind in vollen Zügen genießen.

❏ Schaffen Sie sich eine behagliche Atmosphäre. Dunkeln Sie das Zimmer etwas ab, machen Sie eine Lichterkette und/oder einige Kerzen an. Angenehmes Licht trägt ganz erheblich zur Stimmung bei. Vielleicht haben Sie Lust auf einen schönen Duft und beträufeln eine Duftlampe damit. Oder Ihnen ist nach Musik zu Mute. Dann können Sie ganz leise meditative Musik im Hintergrund laufen lassen, die die Stimmung zusätzlich unterstützt.

❏ Gehen Sie auf die Wünsche und Bedürfnisse Ihres Kindes ein. Schließlich erwarten Sie von Ihrem Kind ja auch, dass es Ihre Grenzen beachtet und Ihren Bitten gerecht wird.

❏ Sprechen Sie die Übungsanweisung frei und geben Sie diese mit Ihren eigenen, ganz persönlichen Worten wieder. Sie können die jeweiligen Übungen auch individuell verändern. Lassen Sie Ihrer Phantasie und Kreativität freien Lauf und bringen Sie eigene Ideen mit ein. Das macht viel mehr Spaß, weil so etwas ganz Persönliches zwischen Ihnen und Ihrem Kind entsteht.

❏ Haben Sie auch Mut zum Experimentieren. Probieren Sie verschiedene Berührungen aus.

❏ Machen Sie diese Massagen nicht, wenn Sie, aus welchen Gründen auch immer, verbittert oder wütend sind. Haben diese Gefühle mit Ihrem Kind zu tun, nehmen Sie sich in dem Fall erst einmal Zeit, um mit Ihrem Kind über Ihre Gefühle und Ihre Stimmung zu reden. Klären Sie die Dinge, so dass beide Seiten zufrieden sind und einen Kompromiss gefunden haben.

❏ Sind Sie aus anderen Gründen wütend, suchen Sie sich ein Ventil, um die Wut im Bauch herauszulassen.

❏ Bitte die Kinder nicht massieren, wenn sie krank sind!

❏ Haben Sie keine Angst bei den Massagen/Übungen etwas falsch zu machen. Durch die Berührungen wird der Körper stärker durchblutet und das tut gut. Dennoch gilt: Wenn Ihr Kind sich bei einer der Massagen unwohl fühlt, hören Sie auf. Es sei denn, dass es an zu festem Druck der massierenden Hände gelegen hat. Denn den können Sie ja beliebig verändern!

❏ Solche Massagen sollten in der Regel nur dann gemacht werden, wenn Ihr Kind dafür empfänglich ist. Akzeptieren Sie die Grenzen Ihres Kindes und nehmen Sie in Kauf, dass es Nein sagt. Auch Sie selbst sind nicht immer in der Stimmung für Berührungen oder intensive körperliche Nähe.

Heute gibt es Pizza

Material

Eine Decke oder Matte, evtl. ein kleines Kissen

Sprechvorschlag

Mach es dir erst einmal ganz bequem und lege dich mit dem Bauch auf die Decke ...
Heute wollen wir Pizza backen. Dazu müssen wir zuerst den Teig gut durchkneten ...

Der Rücken des Kindes wird mit beiden Händen geknetet und durchgewalkt. Aber bitte niemals so kräftig wie bei einem Erwachsenen. Lassen Sie Ihr Kind leise Rückmeldung geben, welche Berührungen angenehm sind.

So, nun ist der Teig fertig und wir können eine schöne, runde Pizza auf dem Backblech formen ... Den Rand der Pizza drücken wir mit den Fingern schön platt ...

Die Bewegung auf dem Rücken des Kindes ausführen.

Als Nächstes streichen wir die Tomatensoße auf die Pizza ...

Mit der flachen Hand kreisförmig über den Rücken streichen.

Lass mich mal überlegen, womit wir die Pizza belegen können. Hm ... Wie wäre es mit Zwiebelringen?

Malen Sie mit dem Zeigefinger viele verschieden große Kreise auf den Rücken.

Ich habe Lust auf Oliven, du auch? Pass mal auf, wie ich die Oliven auf die Pizza fallen lasse ...

Mit den Fingern einige Oliven bzw. Punkte auf den Rücken tupfen.

Die Oliven drücke ich noch fest in die Pizza hinein, damit sie nicht herunterfallen.

Mit dem Zeigefinger die Oliven in den Teig bzw. Rücken »bohren«. Bitte aber nur so fest, wie es den Kindern angenehm ist!

Jetzt streuen wir noch ganz viel geriebenen Käse oben drauf ... Immer mehr Käse rieselt auf die Pizza ...

Mit allen Fingern auf den Rücken trommeln, ganz leicht und sanft. Auf diese Weise ruhig den ganzen Rücken »bearbeiten«.

Nun müssen wir den Ofen anheizen, damit wir die Pizza in ihm backen können ...

Beide Hände fest und schnell aneinander reiben, bis sie schön warm sind.

So, nun schieben wir die Pizza in den Ofen und backen sie, bis der Käse schön knusprig ist ...

Die warmen Hände mit den Handflächen nach unten einen Moment auf dem Rücken ruhen lassen. Die warmen Hände wirken in der Regel sehr beruhigend und wohltuend.

Jetzt ist die Pizza endlich fertig ... Mir knurrt schon der Magen ... Ich öffne den Ofen und ziehe die Pizza vorsichtig heraus ...

Dazu einige Male kräftig mit den Handinnenflächen über den gesamten Rücken streichen, am besten von den Schultern angefangen nach unten.

Lassen Sie Ihrer Phantasie und den Wünschen Ihres Kindes freien Lauf. Sicherlich haben Sie noch gemeinsam andere Ideen für Pizzabeläge und wie man diese auf dem Rücken darstellen kann.

Wenn der Raum schön warm ist, kann man die Massage auf dem nackten Rücken durchführen, vorausgesetzt Ihr Kind ist damit einverstanden. In dem Fall können Sie die Massage auch mit einer schönen Lotion, selbst gerührten Duftcreme oder einem Massageöl machen.

Heute sind wir Bäcker

Material

Eine Decke, Massageöl
Derjenige, der massiert wird, zieht am besten Pulli und/oder T-Shirt aus. Achten Sie deshalb auf eine angenehme Raumtemperatur.

Sprechvorschlag

Heute sind wir Bäcker ... Weißt du, was Bäcker so alles tun? Bäcker backen zum Beispiel Kuchen, Brote und natürlich auch Rosinenbrötchen ... Und Rosinenbrötchen möchte ich heute auch einmal backen ... Zuerst knete ich den Teig ... Hm, der Teig ist ein richtiger Hefeteig und riecht herrlich ... Ich knete und knete den gesamten Teig wunderbar durch ... Denn wenn darin noch Luftblasen sind, platzen die Rosinenbrötchen zu guter Letzt beim Backen im Ofen auf ...

Den Rücken schön durchkneten. Ruhig mit etwas Druck, so wie es dem Kind eben angenehm ist.

Jetzt schütte ich etwas Zucker in den Teig, damit die Brötchen schon süß werden ... Pass mal auf, wie sich die kleinen Zuckerkörnchen auf dem Rücken anfühlen ...

Mit allen Fingern oder auch den Fingernägeln ganz sacht und sanft auf den Rücken tupfen.

Nun müssen natürlich noch die Rosinen in den Teig hinein ... Ich stecke sie einzeln in den Hefeteig ...

Mit dem Zeigefinger auf den Rücken klopfen oder leicht »bohren«.

Als Nächstes teile ich den Brötchenteig in mehrere Stücke. Daraus werden später die Rosinenbrötchen geformt ...

Mit den Handkanten den ganzen Rücken gut durchklopfen. Aber auch hierbei bitte nur so fest, wie es dem Kind angenehm ist.

Und jetzt wird gekugelt … Aus jedem Teigstück rolle ich ein rundes Rosinenbrötchen …

Mit der Handfläche wird auf einer Stelle des Rückens im Kreis gerieben. Ist dieses »Brötchen« fertig, kugelt man an einer anderen Stelle das nächste.

Jetzt muss das Backblech gut mit Öl eingepinselt werden, damit die Rosinenbrötchen beim Backen nicht festkleben …

Das Massageöl mit beiden Handinnenflächen gleichmäßig auf den Rücken verteilen und einmassieren. Je nach Ausdauer des Kindes kann dies ruhig mehrere Minuten dauern!

Und schließlich setze ich die Brötchen auf das geölte Blech ...

Die Finger einer Hand zu einer Spitze schließen. Diese am Rücken ansetzen, die
Finger langsam öffnen und so über die Haut streichen. Diese Berührung für alle
Rosinenbrötchen, die gebacken werden sollen, wiederholen.

Und jetzt ab in den vorgeheizten Ofen!

Beide Hände offen auf den Rücken legen und die Wärme mindestens dreißig bis
sechzig Sekunden wirken lassen. Durch das Massieren sind die Hände in der Regel
schon gut durchblutet und haben eine wohltuende, angenehme Wärme.

Die Brötchen sind fertig ... Ich ziehe sie vorsichtig aus dem Ofen ...

Von Schultern und Halsansatz zieht man mit beiden Handinnenflächen einmal
kräftig den gesamten Rücken bis zum Po hinunter.

 **Buntes Clownsgesicht**

Material

Ein ganz sauberer und weicher Pinsel

Sprechvorschlag

Lege dich nun erst einmal ganz gemütlich hin und kuschle dich so ein, wie
du es am liebsten möchtest ... Wenn es dir lieber ist, kannst du dich auch bequem hinsetzen und dabei irgendwo anlehnen ...

In meiner linken Hand ist jetzt ein toller Farbkasten ... Darin sind die
schönsten Farben, die du dir nur vorstellen kannst ... Ich werde gleich mit

dem Pinsel in eine dieser Farben tauchen und dich in einen fröhlichen bunten Clown verwandeln ... Am besten schließt du deine Augen und spürst dabei, wie ich dir ein buntes Clownsgesicht male ... Erst einmal nehme ich das leuchtende Rot ... Damit male ich dir eine wunderschöne, kugelrunde Clownsnase ...

Die eine Handinnenfläche halten Sie ganz gerade und offen nach oben. Mit dem Pinsel gehen Sie jetzt pantomimisch in die rote Farbe und malen dann mit dem Pinsel die Nase des Kindes an.

Als Nächstes male ich dir ein paar bunte Punkte auf die Stirn ...

Pantomimisch mit dem Pinsel die farbigen Punkte auf der Stirn des Kindes auftragen.

Auf die linke Wange male ich dir eine gelbe Butterblume ... Was möchtest du denn auf deiner rechten Wange haben? ... Toll, das ist eine klasse Idee ... Dein Kinn muss auch noch bemalt werden. Wie findest du es, wenn ich dir dort ein paar kleine lilafarbene Sternchen male? Oder ich male auf dein Kinn eine leuchtende Sonne mit vielen warmen Sonnenstrahlen ...

Lassen Sie den Vorstellungen des Kindes freien Lauf. Mit dem Pinsel tragen Sie »die Farben« auf dem Gesicht auf. Je phantasievoller Sie den Text ausschmücken, desto mehr wird dies Ihr Kind begeistern. Vielleicht haben Sie ja auch verschiedene Pinsel, mit denen Sie diese Gesichtsmassage einmal ausprobieren können: dicke oder dünne Pinsel, solche mit weichen Borsten und andere mit festeren, einen dicken Rasier- oder Rougepinsel ...

Wenn Sie möchten, können Sie diese Massage auch tatsächlich mit echter Schminkfarbe durchführen. Das wird die Stimmung Ihres Kindes besonders dann ungemein heben, wenn es schlechte Laune hat oder über etwas traurig ist. Das soll nicht heißen, dass Sie mit dem Kind nicht auch über seine Gefühle sprechen sollen. Aber mit dieser kleinen Streicheleinheit können Sie zusätzlich den letzten Funken Wut oder Trauer vertreiben.

Lassen Sie sich im Anschluss ruhig auch von Ihrem Kind in einen lachenden Clown verwandeln. Vielleicht finden Sie im Schrank ja auch passende Kostüme oder Kleidungsstücke. Blödeln und albern Sie nach Herzenslust herum und tun Sie ruhig all die verrückten Dinge, die Clowns eben tun, um die Leute zum Lachen zu bringen. Wie wäre denn ein Schokokuss-wettessen? Aber selbstverständlich ohne Hilfe der Hände. Dazu legt man die Schokoküsse auf einen Teller und verschränkt die Arme hinter dem Rü-cken. Auf los geht's los ...

Musterhaft

Material

Körperlotion oder Duftcreme, großes Badehandtuch
Für diese Übung ist ein nackter Oberkörper sinnvoll, damit die Creme die Kleidung nicht verschmiert. Auf angenehme Raumtemperatur achten.

Sprechvorschlag

Am besten legst du dich mit deinem Bauch auf das große Handtuch ... Lege dich ganz bequem hin, so wie es dir am liebsten ist ... Ich werde jetzt mit et-was Creme tolle Muster auf deinen Rücken malen ... Vielleicht kannst du dabei spüren, welche Formen und Linien ich male ...

Sie können nun mit etwas Creme auf der Fingerspitze und nach Ihren eigenen Vor-stellungen die unterschiedlichsten Muster auf den Rücken zeichnen: gerade Stri-che, Zickzacklinien, Kreise, Kringel, Monde, Dreiecke, Schlangenlinien u.v.m.

Hast du gespürt, was ich auf deinen Rücken gemalt habe? Was konntest du denn für Dinge erkennen? ... Wenn du magst, kann ich auch ein kleines Bild auf deinen Rücken zeichnen ... Das ist gar nicht so einfach ... Versuch trotz-dem mal zu erraten, was für ein Bild ich auf den Rücken zeichne ...

Fangen Sie mit einfachen Bildern an, die deutliche Umrisse und Formen haben. Zum Beispiel ein Haus, eine Sonne, eine Blume, ein Stern o.Ä.

So und nun massiere ich dir noch eine Weile deinen Rücken, damit die Creme besser einziehen kann ... Wenn dich dabei etwas stört oder dir unangenehm ist, kannst du mir das ruhig sagen, damit ich dich anders weitermassiere ...

Ein paar Tipps

❏ Sie können diese Massage auch ohne Creme ausprobieren. Mit der Creme gleitet der Finger jedoch besser über die Haut.

❏ Probieren Sie doch einmal aus, die Muster bzw. die Creme mit Hilfe verschieden dicker Pinsel auf den Rücken zu malen. Was fühlt sich besser an: Finger oder Pinsel? Ist vielleicht einer der Pinsel am angenehmsten auf der Haut?

❏ Wenn Sie den Rücken eingecremt haben, können Sie auch mit anderen Gegenständen auf den Rücken malen. Beispielsweise einen feinen Kamm durch die Creme ziehen. Das macht nicht nur Muster, sondern kitzelt auch ganz lustig. Oder aber Sie machen mit einem kleinen Wattebausch wolkige Tupfen auf den eingecremten Rücken.

❏ Lassen Sie das Kind raten, welcher Gegenstand gerade den Rücken mit Mustern schmückt!

❏ Wenn es im Sommer schön warm ist, kann man diese »musterhafte« Massage auf den gesamten Körper ausbreiten: Arme, Beine, Hände, Bauch, Füße, Gesicht ... Beispielsweise dann, wenn Sie Ihr Kind sowieso mit Sonnencreme einreiben wollen.

 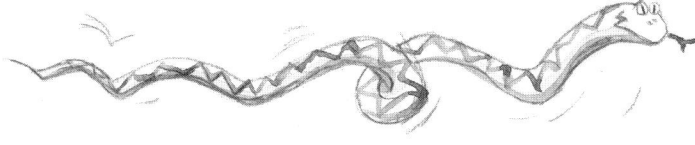

Es schlängelt sich die Schlange

Material

Gegebenenfalls eine Decke und ein Kissen, wenn sich das Kind dazu hinlegen möchte.

Sprechvorschlag

Mach es dir erst einmal so richtig bequem ... Wenn du es dir gemütlich gemacht hast und dich nichts mehr anderes stört, wird dich gleich eine kleine, freundliche Schlange besuchen ...

Die Schlange kriecht als Erstes auf und natürlich auch unter deinem Fuß herum ... Die kleine Schlange ist sehr, sehr neugierig und möchte alles an dir genau kennen lernen ...

Wählen Sie einfach eines der Beine aus, mit dem Sie anfangen möchten, und dann macht sich der Zeigefinger auf den Weg.

So schlängelt sich die Schlange auch ein paar Mal um dein Fußgelenk herum ... Dann kriecht die Schlange dein Bein hinauf ... Richtig schön in Schlangenlinien ... Die Schlange krabbelt das Bein hinauf und schließlich auch wieder hinunter ... Jetzt besucht die kleine Schlange das andere Bein ... Erst einmal schlängelt sie sich um deinen Fuß ... Dann auch um dein Fußgelenk ... Bis die Schlange auch dieses Bein nun ganz hinaufkriechen möchte ... Und jetzt geht es das Bein wieder in Richtung Fuß hinab ...

Wer Lust hat, kann seine Schlange natürlich auch auf dem Rücken, dem Bauch, den Armen kriechen lassen. Vielleicht kann man auch mal eine kleine und an anderer Stelle eine große Schlange sich umherschlängeln lassen. Die kleine Schlange macht man am besten mit einem Finger und die große Schlange mit einer locker geschlossenen Faust.

 ## In der Spülküche

Material

Duschwanne oder Badewanne, flüssiges Duschgel, einen Frotteewaschlappen und eine Handbrause

Sprechvorschlag

So, stell dir mal vor, du bist eine tolle Glasschale ... Vielleicht eine ganz große Glasschale, in der viel Eis gewesen ist. Doch das Kind hat alles Eis, das

darin war, aufgegessen. Und wie das eben so ist, muss man schmutziges Geschirr spülen, damit es sauber wird ... Dazu nehme ich jetzt etwas Spülmittel (Duschgel) und verteile das auf der Glasschale. Die ganze Glasschale seife ich damit gut ein ... Schließlich muss auch alles wieder sauber werden ...

Und nun nehme ich den Spüllappen (Waschlappen) und rubble mit ein bisschen Wasser die Glasschale ab, damit auch alle klebrigen Eisreste beim Spülen abgehen ... Zum Schluss brausen wir die Glasschale mit viel warmem Wasser ab ...

Zum Schluss Brausekopf bzw. Duschhahn aufdrehen und das Duschgel vom Kind herunterspülen.

Diese feuchtfröhliche Massage machen Sie am besten dann, wenn Ihr Kind sowieso gerade geduscht oder gebadet werden soll. So macht das Waschen auch dem wasserscheusten Wesen Spaß. Besonders lustig ist diese nasse Aktion im Sommer, beispielsweise auf einem Kindergeburtstag oder Sommerfest, wenn es richtig schön warm ist!

 ## Kunterbunt, hier geht es rund!

Material

Die unterschiedlichsten Utensilien zum Massieren: Noppenbälle, Tennisball, Pinsel, ein Stück Fell, Watte, große Glasmurmel, Massageroller, kleines Nudelholz, weiche Babybürste, saubere Nagelbürste, Kirschkernsäckchen, Feder ...

Sprechvorschlag

Ich habe mir für heute mal etwas ganz Lustiges ausgedacht ... Und zwar möchte ich dich mit verschiedenen Dingen streicheln und massieren. Ich bin gespannt, ob du die Dinge alle richtig erraten kannst ... Nach einer Weile wechseln wir mal und du kannst mich dann massieren. So muss ich dann auch versuchen zu raten, womit du mich massierst ...

Leg dich erst einmal bequem hin ... Kann es losgehen? Dann versuche einfach nur zu spüren, womit ich dich massiere ... Lass es erst einmal auf dich wirken ... Wenn du meinst, das Richtige erraten zu haben, kannst du es ja leise sagen ...

Nehmen Sie das erste Massageutensil und massieren oder streicheln den Rücken sanft damit. Beziehen Sie ruhig den gesamten Rücken mit ein und lassen Sie sich und vor allen Dingen auch dem Kind Zeit. Falls es das richtige Material nicht erraten sollte, ist das nicht weiter tragisch, schließlich geht es mehr um die Ruhe und das Empfinden an sich.

Ein paar Tipps

❐ Wenn Sie mit den Gegenständen unmittelbar die Haut berühren, kann man natürlich am besten raten, um was es sich handelt. Je mehr Kleidungsschichten dazwischen sind, desto schwerer wird es.

❐ Wechseln Sie dann und wann die Massagegegenstände, damit das Kind Unterschiede spürt und schauen kann, welche Materialien seiner Haut gut tun und welche weniger.

❐ Wenn Ihr Kind den richtigen Gegenstand nicht errät, lassen Sie es das Gefühl einfach umschreiben. Oder geben Sie dem Kind den Gegenstand in die Hand, damit es mit geschlossenen Augen fühlen kann. Meist nimmt man mit der Hand genauer wahr als auf dem Rücken.

❐ Probieren Sie gemeinsam aus, auf welchen Körperteilen sich ein und derselbe Gegenstand am besten anfühlt!

Wüten, Schreien, Zornigsein

Wüten, Schreien, Zornigsein – wer Kinder hat, weiß, dass starke Gefühle im Zusammenleben eine große Rolle spielen. Doch häufig steht man hilflos daneben, wenn das Kind vor Wut schreiend aus dem Zimmer rennt und die Tür zuknallt.

Aber nicht nur die Kinder kennen solche gewaltigen Gefühle. Auch Eltern würden ihre Wut manchmal am liebsten laut herausschreien. Es gibt Tage, da stehen Sie schon mit dem falschen Bein zuerst auf. Sind hundemüde, weil Sie in der Nacht kaum geschlafen haben (vielleicht waren die Kinder krank oder haben bei den Eltern im Bett übernachtet). Dann rutschen Sie im Bad nach dem Duschen auf den nassen Fliesen aus und haben das Gefühl, dass der Tag schon zu diesem Zeitpunkt gelaufen ist.

Gefühle, egal welcher Art, sind wichtig und richtig. Und wir alle können mit Gefühlen viel besser umgehen, wenn wir über sie sprechen, wenn wir sie wahrnehmen und ausdrücken. Dieser Part sollte aber nicht nur beim Kind liegen. Auch Sie sollten vor Ihrem Kind über Ihre Gefühle reden, beispielsweise wenn Sie sich gekränkt fühlen, wütend oder richtig zornig sind. Und auch über positive Gefühle kann man reden.

Alle Gefühle wollen ausgedrückt werden – »positive« und »negative«

Das fällt uns meist leichter, obwohl selbst diese Seite oft viel zu kurz kommt. Loben Sie Ihr Kind, wenn es etwas gut gemacht hat, sagen Sie ihm, dass Sie stolz auf es sind. Zeigen Sie, wenn Sie selbst glücklich oder auf etwas stolz sind.

Je öfter Sie über Gefühle sprechen, desto leichter fällt es dann auch, mal ein Gespräch über eher unangenehme Gefühle wie zum Beispiel Wut, Trauer, Angst, Scham usw. zu führen. Wichtig dabei ist, dass Sie die Gefühle des Kindes ernst nehmen und ihm unvoreingenommen zuhören. Auch wenn Sie seine Empfindungen vielleicht nicht nachvollziehen können – die Gefühle sind da und darüber hinwegzugehen (»das ist doch alles nicht so schlimm«, »da übertreibst du sicher«) hilft dem Kind nicht weiter.

Deshalb ist es wichtig, dass Sie für Ihr Kind da sind. Das muss nicht heißen, dass Sie sich aufdrängen und ständig nachbohren, wenn es schlecht gelaunt ist. Ihr Kind sollte einfach wissen, dass Sie sich, wann immer es das dringend braucht, sich auch die Zeit nehmen, um zuzuhören, zu trösten, zu helfen, Lösungen zu finden und um es liebevoll in den Arm zu nehmen.

Gefühle zum Ausdruck bringen

Weil es dennoch recht schwer ist, Gefühle offen zu zeigen und ein passendes Ventil dafür zu finden, möchte ich Ihnen in diesem Abschnitt allerlei Möglichkeiten aufzeigen, die Ihrem Kind und auch Ihnen eine Hilfe sein können. Probieren Sie die eine oder andere Möglichkeit aus, um zu sehen, was Ihnen am meisten liegt. Der einen Person geht es gut, wenn sie so laut sie nur kann schreien darf, und eine andere zieht sich lieber zurück und denkt in aller Ruhe über ihre Gefühle nach.

Tagebuch

Ein Tagebuch ist immer eine gute Möglichkeit, um Gefühle zum Ausdruck zu bringen, sich Probleme, Sorgen und Ängste von der Seele zu schreiben und die Gefühle ganz konkret zu benennen. Voraussetzung dafür ist natürlich, dass Ihr Kind schon schreiben kann. Meist tut schon die Tatsache gut, dass man sich einfach die Zeit nimmt, um alles in Ruhe aufzuschreiben. Hinterher geht es dann in der Regel schon viel besser!

Auch Sie selbst können ein Tagebuch führen. Vielleicht finden sich auf diese Weise neue Perspektiven oder Handlungsmöglichkeiten. Vor allen Dingen dann, wenn Sie ein paar Seiten zurückblättern und nachlesen, wie Sie ein anderes Mal auf ähnliche Situationen reagiert haben!

Übrigens, Tagebücher sind für alle anderen absolut tabu und sollten von allen anderen Familienmitgliedern als Teil der Intimsphäre akzeptiert werden!

Festhalten, Drücken

Wenn Kinder richtig wütend sind, wie wild um sich schlagen, brüllen oder sich auf den Boden werfen, macht sich meist auch ein Gefühl der Verzweiflung breit. Nicht nur beim Kind selbst, sondern auch bei allen anderen, die diesen Wut- oder Gefühlsausbruch mitbekommen. Meine Tochter Pina beispielsweise hat solche Zornesausbrüche in bestimmten Phasen recht häufig. Je mehr ich dann versuche, mit ihr zu reden, und sie nach Gründen frage, desto wütender wird sie und das Schreien nimmt noch zu. Das einzige Mittel, das dann in der Regel Erfolg hat, ist, sie auf den Schoß zu nehmen und sie ganz fest zu umarmen. Erst einmal ohne zu sprechen und auch ohne über den Kopf zu streicheln oder Ähnliches. Das einfache Festhalten und die Körpernähe und -wärme reichen aus. Sie spürt dann, dass wir da sind für sie, zu ihr halten (sie im wahrsten Sinne des Wortes aus-halten) und ihr Geborgenheit geben.

Wut ausdrücken

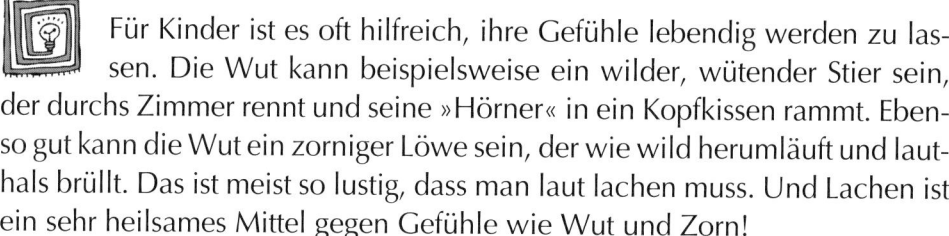 Für Kinder ist es oft hilfreich, ihre Gefühle lebendig werden zu lassen. Die Wut kann beispielsweise ein wilder, wütender Stier sein, der durchs Zimmer rennt und seine »Hörner« in ein Kopfkissen rammt. Ebenso gut kann die Wut ein zorniger Löwe sein, der wie wild herumläuft und lauthals brüllt. Das ist meist so lustig, dass man laut lachen muss. Und Lachen ist ein sehr heilsames Mittel gegen Gefühle wie Wut und Zorn!

Manche Kinder haben in einer solchen Situation auch Lust, die Wut aufzumalen. Wie sieht die Wut denn genau aus, die da in ihrem Inneren tobt und ein Ventil sucht, um herauszukommen? Welche Farben, Formen hat die Wut?

Wenn man sich auf diese Weise ganz intensiv damit beschäftigt, ist die Wut meist schnell verschwunden. Zu diesem Zeitpunkt hilft es, über die eben da gewesene Wut zu reden. Vielleicht finden sich durch diese Gespräche ja auch noch andere Lösungsmöglichkeiten, die man beim nächsten Wutausbruch testen kann!

Schrei und brülle, so laut du nur kannst!

Vielleicht haben Sie in Ihrer Nähe ja einen kleinen Wald oder einen anderen Fleck in der Natur, wo Sie niemanden stören. Unternehmen Sie einen gemeinsamen Ausflug dorthin und brüllen Sie sich frei von der Wut. Je lauter Ihr Kind mit Ihrer Unterstützung brüllt und schreit, desto schneller ist es wieder gut. Wer Lust hat, kann die Wut im Wald auch noch verjagen. Je schneller man hinter der herausgebrüllten Wut hinterherläuft, desto schneller zieht sie davon.

Schreien ist gesund, vor allem befreit es herrlich. Probieren Sie es ruhig mal aus, Sie werden erstaunt sein, wie frei man sich anschließend fühlt! Besonders Kinder finden es großartig, mal so laut sein zu dürfen, wie sie nur wollen. Richtig wütende Kinder kann man auch anfeuern, noch lauter zu brüllen. Geht es noch ein bisschen lauter? Machen Sie einen Wettbewerb daraus!

Wut verkneten

Geben Sie Ihrem Kind einen großen Klumpen Knete. Nehmen Sie sich ebenfalls ein großes Stück davon vor und legen Sie den Tisch mit einer Wachstischdecke oder Plastikfolie aus. Dann geht es los: Verkneten Sie Ihre Wut, zerreißen, zerrupfen Sie die Knete nach Herzenslust. Nehmen Sie die Knete und schmeißen Sie diese mit voller Wucht auf den Tisch, dass es nur so knallt. Lassen Sie die Wut raus. Der Knete tut das nicht weh! Vielleicht haben Sie im Anschluss ja Lust, die Wut gemeinsam zu kneten. Erfinden Sie ein Bild, eine Figur, die Ihre Wut verkörpert.

Wilde Kissenschlacht

Kinder lieben Kissenschlachten. Je doller, desto besser. Und Kissen haben eben den wunderbaren Vorteil, dass man sich an ihnen nicht verletzen kann. So können Sie ungehemmt die wildeste Kissenschlacht Ihres Lebens beginnen und sich alle Kissen regelrecht um die Ohren fliegen lassen. (Dabei auf Kissen ohne sichtbaren Reißverschluss oder Knöpfe achten.)

Wenn Sie dann schließlich genug getobt haben und die Wut vergessen ist, können Sie sich aus einer Decke und all den Kissen ein gemütliches Nest bauen. Darin kann man dann kuscheln und ein schönes Buch zusammen lesen.

Papier zerreißen

Wer viel Wut in sich hat, hat auch meist viele Kräfte angesammelt, die auf irgendeine Art und Weise ausgelebt werden müssen. Damit dabei aber niemand zu Schaden kommt, könnten Sie einen Stapel alter Zeitungen auf den Kinderzimmerboden legen. Nach dem Startsignal heißt es, sämtliche Zeitungen, Zeitschriften, Papiere etc. schnellstmöglich zu Konfetti zu verarbeiten. Im Anschluss kann dann gewechselt werden und die Mama ist an der Reihe. Wie lange brauchen Sie, um denselben Stapel vollkommen zu zerreißen, so dass nur noch kleine Schnipsel übrig sind?

Ein Bild von seinen Gefühlen malen

Nicht alle Kinder lieben es, ihre Gefühle durch so wilde Art und Weise zum Ausdruck zu bringen. Für diese Kinder bietet es sich dann an zu malen. Das kann mit Wasserfarben, Bunt-, Filz-, oder Wachsmalstiften sein. Jeder malt dabei seine Gefühle, die ihm im Moment zu schaffen machen. Egal ob diese durch bestimmte Farben zum Ausdruck gebracht werden oder die Kinder sich selbst malen, so wie sie sich eben zur Zeit fühlen.

Solche Bilder lohnt es sich in einem Hefter oder einer Mappe zu sammeln. Dann kann man beim nächsten »Gefühlsausbruch« die Mappe vorho-

len und sich gemeinsam die Bilder angucken. Das kann wesentlich zur Erheiterung beitragen. Außerdem macht es den Kindern Mut, weil sie merken, dass auch dieses Gefühl wieder vorbeigeht.

Wie geht es dir?

Wenn es einem schlecht geht, vergisst man schnell, dass nach dieser Talfahrt auch wieder eine schöne Bergspitze auf einen wartet. Für Kinder ist es oft hilfreich zu erfahren, dass auch ihre Eltern solche schwierigen Gefühle kennen und damit zurechtkommen müssen. Nehmen Sie sich doch beim nächsten Mal, wenn die Wut im Anmarsch ist, Zeit, um Ihrem Kind zu erzählen, wie Sie mit Gefühlen wie Wut umgehen. Wie, wodurch und wann geht es Ihnen wieder besser? Was muss passieren und was hilft Ihnen in einer solchen Situation?

Stampfen und Schütteln

Diese Möglichkeit, die ich Ihnen an dieser Stelle vorstellen möchte, ist bei vielen Kindern beliebt. Stellen Sie sich mit Ihrem Kind oder Ihren Kindern so hin, dass alle um sich herum noch ausreichend Platz zur Verfügung haben. Dann stellen Sie sich vor, das der Zorn und die Wut wie ein kleiner Teufel in Ihnen herumspringt. Um diesen kleinen Teufel loszuwerden, müssen Sie nun alle auf der Stelle hüpfen, hopsen, laut mit den Füßen stampfen ... Schütteln Sie Ihre Köpfe hin und her, die Schultern, Arme und Hände ... Machen Sie das richtig ausgiebig. Dann öffnen Sie das Fenster und atmen alle ein paar Mal die frische Luft ganz tief ein und aus. Anschließend fühlt man sich herrlich unbeschwert und locker.

Gerade Kinder leiden häufig durch die verschiedensten Ursachen unter Bewegungsmangel. Um dem entgegenzuwirken, tut diese Übung dann auch ihren Teil!

Es stürmt

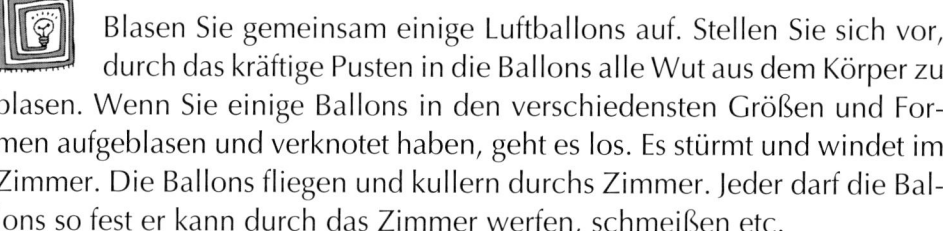

Blasen Sie gemeinsam einige Luftballons auf. Stellen Sie sich vor, durch das kräftige Pusten in die Ballons alle Wut aus dem Körper zu blasen. Wenn Sie einige Ballons in den verschiedensten Größen und Formen aufgeblasen und verknotet haben, geht es los. Es stürmt und windet im Zimmer. Die Ballons fliegen und kullern durchs Zimmer. Jeder darf die Ballons so fest er kann durch das Zimmer werfen, schmeißen etc.

Wenn sich der »Sturm« dann endlich gelegt hat und immer noch etwas Wut im Bauch sitzt, dürfen die Ballons mit Wucht zertreten werden. Das befreit auch. Allerdings ist das laute Platzen bzw. Knallen der Luftballons nicht bei allen beliebt. Entscheiden Sie selbst, ob diese Spielaktion gemacht werden soll.

Boxen

Lassen Sie die Wut doch einmal aus sich raus, indem Sie sich einen Sandsack, ein Kopfkissen oder einen mit Luftballons gefüllten Kissenbezug vorknöpfen. Boxen, treten Sie nach Herzenslust hinein. Dem Kissen tut es nicht weh und Ihnen bzw. Ihrem Kind geht es danach viel besser! Falls Sie viele durchlöcherte oder einzelne Socken haben, kann man damit auch wunderbar einen kleinen Bezug füllen. Dieser lässt sich dann auch zum Boxen, Werfen, Hineinkneifen usw. verwenden.

Raufen

Raufen ist ein Kräftemessen, das besonders bei Jungen sehr beliebt ist. Aber auch Mädchen sollten dies tun. Besonders dann, wenn die Wut in ihnen kocht. Allerdings gilt dabei die Regel: Wem es zu viel wird, der darf jederzeit Stopp sagen. Es darf auch nicht an den Haaren gezogen, gebissen oder gekniffen werden.

Meine Töchter lieben es zu rangeln. Dann heißt es: »Sollen wir raufen, ja?« und schon balgen sie sich am Boden und kullern durch die Gegend. Je älter die Kinder sind, desto fairer wird das Raufen und Kräftemessen funktionieren.

Beschäftigungsideen gegen Langeweile

Welche Mutter kennt das nicht: Die lieben Kleinen haben gähnende Langeweile und schon geht es im Nu drunter und drüber! Das Kinderzimmer verwandelt sich in Minutenschnelle in ein absolutes Schlachtfeld. Vor lauter Spielkram, der den gesamten Fußboden des Kinderzimmers bedeckt, kommen die Kinder dann erst recht nicht mehr zum Spielen, weil im Zimmer das Chaos tobt. Und am Schluss wird dann noch der Fernseher eingeschaltet.

Natürlich kann sich Langeweile bei Kindern auch vollkommen anders auswirken. Beispielsweise darin, dass die lieben Kleinen pausenlos herumnörgeln, knatschen und meckern.

Um dem entgegenzuwirken, möchte ich Ihnen in diesem Kapitel eine ganze Reihe von einfachen Möglichkeiten aufzeigen, die Kinder – und Sie selbst – vor den Auswirkungen der Langeweile bewahren. Wem diese Anregungen nicht ausreichen, der findet im Anhang eine ausführliche Literaturliste, in der auch Bücher aus dem Beschäftigungsbereich zu finden sind.

Wenn Spielzeug seinen Reiz verliert ...

Wenn Kinder sich langweilen, kann das verschiedene Ursachen haben. Beispielsweise kann es durchaus sein, dass die Kinder sich durch zu viel Spielzeug einfach überfordert fühlen. In dem Fall ist es immer ratsam, die jeweiligen Spielmaterialien (Perlen, Bälle, Bastelutensilien, Legosteine, Eisenbahn, Bauklötze und und und ...) in Kisten zu packen und diese ab und an für eine Weile verschwinden zu lassen. Eine meiner Freundinnen lässt auf diese Weise Spielsachen für eine Zeitlang »in den Urlaub fahren«. Wenn man dann die eine oder andere Kiste nach einigen Wochen öffnet, ist deren Inhalt in der Regel wieder höchst interessant!

Viele Kindergärten haben mittlerweile auch zwischendurch immer mal wieder eine »spielzeugfreie Zeit«. Dann stehen den Kindern zum Spielen nur Dinge wie Naturmaterialien zur Verfügung oder

Wie wär's mit spielzeugfreier Zeit? teilweise auch andere Gegenstände, die die Phantasie anregen: leere Schachteln, Kartons und Stoffreste o.Ä., mit denen die Kinder die unterschiedlichsten Dinge bauen und basteln können. Oder farblose, naturbelassene Holzbausteine, die den Kindern

zum Spielen keine festen Vorgaben machen, wie es zum Beispiel Spielzeug von Playmobil tut. Die Kinder können in diesem Fall selbst entscheiden, was der Holzbaustein nun darstellen soll oder für was sie ihn gebrauchen. Sie werden staunen, welche Ideen die Kinder entwickeln, wenn ihr Zimmer mal probehalber für einen Tag zu einem »Spielzeugsperrgebiet« wird.

Ideen austauschen

Wenn bei Ihrem Kind das nächste Mal Langeweile aufkommt, nehmen Sie ein Blatt Papier und einen Stift zur Hand. Machen Sie es sich gemeinsam irgendwo gemütlich. Dann überlegen Sie zusammen, worauf Sie gerade jetzt am allermeisten Lust hätten. Schreiben Sie ruhig alle die Sachen auf, die Ihnen dazu einfallen. Die Idee, die beiden am besten gefällt und sich auch in die Tat umsetzen lässt, wird in Angriff genommen.

Manchmal lassen sich ja auch mehrere Dinge gleichzeitig umsetzen: Kakao trinken und sich dabei unterhalten. Oder eine Kuschelecke bauen und dort ein schönes Buch lesen und Kekse essen. Spazieren gehen und auf dem Rückweg die Oma besuchen ...

My home is my castle

Eine Idee für ältere Kinder: Langeweile tritt meist gar nicht erst auf, wenn man mit sich selbst und seiner Umgebung zufrieden ist. Manchmal genügt gegen die Langeweile eine kleine Dosis Neues oder ein bisschen Veränderung.

Ich für meinen Teil erinnere mich noch allzu gut an meine Kindheit: Wenn die Langeweile mal wieder übermächtig war, wurde mein Zimmer in Eigenarbeit vollständig umgekrempelt. Das Bett kam von der einen Ecke in die andere. Der Schreibtisch und kleinere Regale wurden verschoben.

Natürlich reicht es auch meist, nur Kleinigkeiten im Zimmer umzuräumen. Man muss ja nicht immer gleich das gesamte Mobiliar verrücken. Man könnte einen kleinen Tisch oder Sessel umstellen oder einen großen Blumentopf von der einen Ecke in die andere schieben. Oder man sortiert ein Regal neu ein. Die Bücher von unten nach oben. Die CDs ein Fach weiter runter, die Gläser zwei Regalbretter weiter hoch und zuletzt die Fotoalben, die in der Mitte ihren neuen Platz finden.

Ältere Kinder könnten ihr Zimmer auch mit Hilfe eines Zollstocks ausmessen und sich einen richtigen Plan anfertigen. In den könnten sie dann vor dem Verrücken diverser Möbel erst mal einige Möglichkeiten aufzeichnen. Die schönste Idee fürs Zimmer setzen sie dann zu guter Letzt in die Tat um ...

Kinderkaffeeklatsch

Wie oft verabredet man sich mit einer guten Freundin, Schwester oder Nachbarin zum Kaffeeklatsch, bei dem dann die Kinder in der Regel nicht so sehr erwünscht sind, weil man sich schließlich einmal am Tag in aller Ruhe unterhalten möchte oder seine Freundin schon soo lange nicht mehr gesehen hat. Kinder merken, dass solche Kaffeekränzchen einen hohen Stellenwert haben. Meine Töchter sind jedenfalls ganz begeistert davon. Wie richtige »Kaffeetanten« sitzen sie dann mit erstaunlicher Ausdauer dabei und lauschen den Gesprächen mit großen Ohren.

Verabreden Sie sich doch mal mit Ihrem Sohn oder der Tochter zum Kaffee bzw. Kakao. Decken Sie dafür den Tisch mit Servietten, Kerzen und einem schönen Blumenstrauß, so wie Sie eben auch Gäste empfangen würden. Ihr Kind kann dabei ruhig helfen. Vielleicht hat es ja Lust, mit Ihrer Hilfe oder auch alleine, einen Kuchen oder Waffeln zu backen. Sind die Kinder noch sehr jung, können sie trotzdem mithelfen, wenn Sie ihnen genaue Anweisungen geben, was alles gemacht werden muss. Und dann nehmen Sie sich Zeit, um mit Ihrem Kind in aller Ruhe zu reden, Kuchen oder Plätzchen zu essen und dabei Kakao zu trinken.

Je älter die Kinder werden, desto selbständiger werden sie und somit bekommt man sie auch immer weniger zu Gesicht. Eine meiner besten Freundinnen erzählte mir beispielsweise, sie habe sich mit ihrem Sohn in der Stadt zum Mittagessen getroffen. Ihr Sohn, sechzehn Jahre alt, machte zu dieser Zeit von der Schule aus ein Praktikum und war so den ganzen Tag unterwegs. Solche Verabredungen sind gerade für ältere Kinder etwas Besonderes. Für sie, ebenso wie für die Jüngeren, ist es wichtig, dass man regelmäßig Zeit zum Reden findet. Wieso nicht einmal in Form eines Kinderkaffeeklatsches?!

Lesen, lesen, lesen ...

Für mich gab es früher kaum etwas Schöneres, als wenn meine Mutter sich Zeit nahm, um gemeinsam mit mir zu lesen. Auch meine drei Töchter lieben Bücher heiß und innig. Je länger und umfangreicher sie sind, desto besser. Ich genieße diese Vorlesestunden auch sehr. Denn durch die Ruhe, die dann mal im Kinderzimmer einkehrt, können nicht nur meine Kinder, sondern auch ich selbst neue Kraft schöpfen. Und selbst dann, wenn man ein Buch schon zum hundertsten Mal lesen muss, entdecken sie doch meist noch eine Kleinigkeit auf den Bildern, die sie bisher übersehen haben.

Wenn das Bilderbuchalter vorbei ist

Für ältere Kinder sind Bilderbücher wahrscheinlich nicht mehr so interessant. Aber auch in dem Fall können Sie es sich auf dem Sofa oder dem Bett gemütlich machen und gemeinsam ein spannendes Buch lesen. (Einige Vorschläge dazu finden Sie im Literaturverzeichnis auf Seite 122.)

Wie wäre denn zur Abwechslung mal ein Besuch in der Stadtbibliothek? Dort kann Ihr Kind sich spannende Sachbücher ausleihen, die es vom Thema her interessieren. Wenn Ihr Kind schon selbst lesen kann, könnten Sie sich abwechselnd vorlesen. Das ist zugleich ein wirksames Training für die Schule, das richtig Spaß macht!

Was wird gespielt?

Spielen ist das richtige Mittel gegen Langeweile. Eigentlich spielen auch alle Kinder gerne, vorausgesetzt das Spiel entspricht ihren Anforderungen. Wenn Spiele unter- oder überfordern, verlieren Kinder verständlicherweise schnell die Lust.

Sie könnten sich beispielsweise ein Gesellschaftsspiel vornehmen und gemeinsam spielen. Inzwischen gibt es wunderschöne, phantasievolle Spiele für jedes Alter. Aber auch altbekannte, bewährte Spiele wie *Memory* oder *Mensch ärgere dich nicht* sind immer wieder reizvoll, wenn man dazu neue

Regeln aufstellt: Bei einer Eins wird die Richtung gewechselt. Wer eine Drei würfelt, muss ein Lied singen. Wird eine Vier gewürfelt, muss derjenige auf einem Bein um den Tisch herumhüpfen … Seien Sie kreativ und probieren Sie aus, welche Regeln Ihnen am lustigsten und interessantesten erscheinen.

Auch Theater- oder Rollenspiele oder das Spielen mit Bauklötzen, einer Eisenbahn und Duplosteinen macht Kindern großen Spaß. Seien Sie

Erfinden Sie doch einfach neue Regeln

kreativ und bauen Sie für die Eisenbahn aus Kartons, Pappröhren oder Ähnlichem Tunnel, Brücken und eine Landschaft. Je mehr eigene Ideen Sie mit ins Spiel bringen, desto interessanter wird es und Langeweile ist im Nu ein Fremdwort.

Viele Erwachsene haben große Scheu davor, weil Spielen in unserer stark leistungsorientierten Gesellschaft keinen hohen Stellenwert hat. Ich kann Ihnen nur raten, folgen Sie Ihrem Kind, haben Sie Mut dazu, auch mal wieder klein zu sein, und spielen Sie so frei und unbeschwert wie Ihr Kind. Je phantasievoller Sie spielen, desto mehr können Sie diese Zeit mit Ihrem Kind genießen. Vielleicht haben Sie Lust, sich während des Rollenspiels zu verkleiden. Schlüpfen Sie in eine vollkommen neue Rolle und lassen »die Mutter« oder »den Vater«, zumindest für eine Weile, mal außen vor.

Die Spieleerfinder

Wenn Sie Kinder im Schulalter haben, spielen Sie doch mal »Spieleerfinder«. Richtige Spieleerfinder denken sich selbst tolle, neue Spiele aus. Dabei können natürlich Elemente aus bekannten Spielen mit aufgegriffen werden.

Wie wäre es, wenn Sie ein neues Brettspiel erfinden? Oder Sie erfinden gemeinsam lustige Spiele mit Tüchern, Luftballons und Kissen. Im Grunde genommen ist fast jedes Material zum Spielen geeignet. Achten Sie nur darauf, dass bei bewegungsfreudigen Spielen genug Platz vorhanden ist, besonders dann, wenn mehrere Kinder am Spielgeschehen teilnehmen.

Wir gehen einkaufen

 Einkaufen ist für viele Kinder sehr interessant. Für deren Eltern oft weniger, weil die Kinder meist vieles in den Wagen legen, was man gar nicht kaufen will. Wenn sie es wieder zurücklegen sollen, gibt's Theater und nicht selten fließen bei kleinen Kindern dann die Tränen!

Wie wäre es da also, wenn Sie mit Ihren Kindern mal zu Hause und in aller Ruhe Einkaufen spielen? Dazu könnten Sie sich aus Ton, Salzteig oder Pappmaschee verschiedene Dinge selbst herstellen, beispielsweise Brot, Brötchen, Bananen, Äpfel, Gurken, Kartoffeln, Weintrauben etc.

Wenn Sie die gebastelten Teile nach dem Trocknen oder Backen dann mit bunten Farben anmalen, sehen sie noch echter aus. Zwar ist die Herstellung ein bisschen aufwändig, aber wenn Sie sich einen Nachmittag Zeit nehmen und Ihr Kind mithelfen darf, lohnt sich die Mühe. Denken Sie dabei daran, dass das Mithelfen zwar für Eltern oft lästig, aber für die Kinder sehr wichtig ist. Denn je mehr sie daran selbst beteiligt waren, desto mehr wissen die Kinder diese Dinge zu achten und schätzen, sie gewinnen an Selbständigkeit und vor allem an Selbstvertrauen!

Ein kleiner Tipp für die Einkäufe im »echten« Supermarkt

❑ Beauftragen Sie die Kinder vorher dem Alter entsprechend mit dem Besorgen einiger Dinge, an die sie selbst denken müssen. Zum Beispiel soll Luke zwei Tüten Milch holen, Leona ein Paket Spaghetti und Jurina darf fünf Bananen aussuchen und selbst auswiegen!

Heut tanzt der Bär

Für jüngere Kinder: Verstecken Sie im Kinderzimmer oder auch in mehreren Zimmern eine bestimmte Anzahl Gummibärchen. Auf los geht's los. Das Kind wird nun erst einmal einige Zeit damit beschäftigt sein, alle tanzenden Bären wieder einzufangen und aufzuessen!

Das sind wir

Kennen Sie Ihr Kind oder Ihre Kinder ganz genau? Nehmen Sie sich ein Zentimetermaß, Stift und Papier. Messen Sie sich gegenseitig aus: die Größe, die Spanne von einem ausgestreckten Arm zum anderen, den Kopfumfang, wie breit ist der Mund, wie lang die Nase, welchen Umfang hat die Faust, der kleine Finger, sind die Augenbrauen rechts und links gleich lang? Messen Sie einfach all die Dinge aus, die Ihnen dazu einfallen. Schreiben Sie sich alle Maße auf und vergleichen Sie.

Wer Lust hat, kann seinen Körperumriss dann auf eine riesige Papierrolle zeichnen und die Maße an der jeweiligen Stelle eintragen. Oder Sie entwerfen für jede Person einen Steckbrief, auf dem nicht nur die Körpermaße stehen, sondern auch die Vorlieben, Lieblingsbücher, -farben, Schuhgröße etc. Auf diese Weise könnten Sie eine Art Familiengalerie ins Leben rufen. Ein toller Zeitvertreib gerade fürs Wochenende, wenn die Familie geschlossen zusammen ist!

Hurra, hurra, die Post ist da!

Freut sich nicht jeder über nette Post? Einen regnerischen Nachmittag könnte man dazu nutzen, um Freunden, Bekannten oder Verwandten liebe Post zukommen zu lassen. Zum Beispiel in Form von selbst gemalten, beklebten, kreierten Postkarten, die man ganz einfach aus weißem Tonkarton bastelt. Man kann auch Briefpapier selbst entwerfen: bestempeln, bedrucken, bekleben ... Der Phantasie stehen alle Türen offen.

Wer mag, kann die Post je nach Jahreszeit gestalten: im Herbst mit gepressten, bunten Blättern, im Sommer mit Muscheln, im Winter mit weihnachtlichen Motiven etc. Ganz besonders lustige Briefe sind die mit einer richtigen kleinen Überraschung darin: etwas Sand, buntem Konfetti, einem Gänseblümchen, einem kleinen Geschenkanhänger oder selbst gebastelten Fensterbild. Nach dem Basteln natürlich nicht vergessen, die Postkarten oder Briefe zu beschriften, ab in den Umschlag, Briefmarke drauf und los in den Briefkasten!

Auch Faxe versenden macht Kindern sehr viel Spaß – das kann man heute von fast jedem Postamt. Die kann man zwar nicht so schön basteln und bekleben, dafür ist es aber aufregend zu wissen, dass der Brief gleich ankommt. Vielleicht auch mal bei Papa im Büro?

Mein Lieblingsbuch

Auch für diese Idee braucht man einen ganzen Nachmittag. Die Kinder sollen nämlich alleine (oder mit Ihrer Hilfe) ein eigenes Buch entwerfen. Das könnte beispielsweise so aussehen, dass Sie gemeinsam eine kleine Geschichte erfinden und die Kinder auf die Seite neben den Text das passende Bild malen. Am besten schneidet man für das Buch festen Tonkarton in DIN A4 zurecht und locht diesen am Rand. Durch die Löcher kann man dann eine dicke Kordel ziehen und zusammenbinden.

Oder aber Sie entwerfen ein Buch über sich, Ihr Kind oder Ihre Familie. Dahinein könnten Sie Fotos kleben, Episoden aus Ihrem Alltag dazuschreiben und vieles andere mehr.

Schatzkisten

Basteln Sie doch heute mit Ihrem Kind eine Schatzkiste! Schatzkisten kann man immer gut gebrauchen. Vor allem in Kinderzimmern. Denn dort leisten sie tolle Dienste: Krimskrams, Perlen, Murmeln, Pixibücher oder Autos sind darin schnell verstaut und gut verwahrt. Man kann sie im Regal wunderbar übereinander stapeln und kriegt vieles unter.

Sie brauchen einen oder auch mehrere Schuhkartons aus festem Karton und mit Deckel. Diese Schachtel kann man nun mit Farbe bunt anmalen, mit Stoffresten bekleben, mit Filz überziehen, mit Knöpfen, Perlen, Stickern bekleben u.v.m.

Ist die Schatzkiste schließlich fertig, darf sie natürlich auch mit einem kleinen Schatz (einigen Gummibärchen, Lakritzschnecken, Schokoriegel oder zur Abwechslung einem gesunden Snack wie einem Apfel, einer kleinen Schüssel mit Weintrauben oder einer Mandarine) gefüllt und im Kinderzimmer versteckt werden. Das Kind darf den Schatz dann suchen und verspeisen.

Wir bauen uns ein Haus

Bauen Sie doch mal mit Ihrem Kind ein tolles Haus, eine Höhle zum Kuscheln oder eine Bude zum Verstecken. Suchen Sie alle Decken, Tücher, Kissen zusammen, die Sie finden können. Auch ein riesiger Karton zum Durchkrabbeln kann gute Dienste leisten. Ist Ihr Versteck schließlich fertig, packen Sie sich einen kleinen Rucksack mit Proviant: Taschenlampe, ein schönes Buch zum Vorlesen, Obst, ein paar Kekse und eine Flasche Sprudel. Damit lässt es sich eine Weile aushalten! Um auch wirklich ungestört bleiben zu können, schalten Sie den Anrufbeantworter ein und genießen Sie in aller Ruhe Ihre Höhle. Viel Vergnügen!

Basteln, Kleben, Malen

Basteln, Schneiden, Kleben, Anmalen, Kneten – damit kann man Kindern und sich selbst wunderbar die Zeit vertreiben. Wichtig dabei ist, dass auch Sie sich die Zeit nehmen und mitmachen. Tun Sie das

nicht, enden die kreativen Unternehmungen leicht im Chaos, weil anschließend die Knetmasse im Zimmer verteilt ist, die Wasserfarbe ziert nicht nur das Papier, sondern auch noch diverse andere Dinge, und die Schere wurde ebenfalls an den unterschiedlichsten Stellen ausprobiert. Basteln Sie am besten nicht nach Schablone, sondern überlegen Sie sich mit Hilfe Ihres Kindes eigene Dinge:

❐ Ein tolles Bild mit Wasserfarben malen

❐ Mit Fingerfarbe die Hände über die Fenster wandern lassen

❐ Eine Collage kleben aus Korken, Federn, Kronkorken, Stoffresten etc.

❐ Ein Fensterbild/Mobile ausschneiden und im Kinderzimmer anbringen

❐ Eine Stofftasche oder ein T-Shirt bedrucken

❐ Dekoration für den Esstisch basteln

Alle Kinder sind kreativ. Bestärken Sie sie darin!

Wir gehen auf Spurensuche

Eine tolle, vor allem für Kinder sehr interessante Beschäftigung: Nehmen Sie sich mehrere Blätter weißes Papier und einen weichen Bleistift. Dann begeben Sie sich auf Spurensuche. Beispielsweise kann man das Papier über eine Strukturtapete halten und mit dem Stift schräg über das Papier reiben. Auf diese Weise tun sich die interessantesten Spuren und Muster auf.

Fliesen, Gitter, Teppich, Fußmatten, Legosteine, Heizungsgitter: Überall findet man Spuren, die man durch diese »Abreibtechnik« auf dem Papier festhalten kann. Wenn man dann genug Spuren zusammen hat, könnte man daraus eine Collage oder ein Phantasiewesen kleben. Wer mag, kann die jeweiligen Muster auch beschriften, damit er hinterher noch weiß, von wo welches Muster stammt.

Oder Sie reiben jeder für sich einige interessante Muster ab, die Sie auf dem Bogen Papier sammeln. Dann werden die Blätter ausgetauscht und beide Spieler sollen versuchen, die Orte zu finden, von denen die Spuren des anderen stammen, und die gleichen Spuren auf einem zweiten Blatt verewigen.

Schattentheater

Für ein Schattentheater braucht man im Grunde genommen nur eine Lampe oder eine andere Lichtquelle. Alleine mit den Händen kann man dann die tollsten Schatten auf eine Wand zaubern. Geübte können auch Tiere mit den Schattenbildern darstellen. Oder man schneidet sich aus Tonkarton Umrisse von Tieren und anderen Figuren aus und befestigt diese an kleinen Schaschlikstäben oder Rundhölzern. Mit diesen Figuren können Sie ein richtiges Schattentheater durchführen.

Wir sind die Musikanten

Ein schöner Zeitvertreib ist das Musizieren. Dazu müssen Sie nicht unbedingt musikalisch sein. Wie wäre es denn, wenn Sie sich gemeinsam mit Ihrem Kind eigene Musikinstrumente bauen? Mit etwas Phantasie ist das kinderleicht. Aus einem leeren, sauberen Marmeladenglas mit Deckel kann im Handumdrehen eine tolle Rassel werden. Dazu füllt man einfach einige Holzperlen hinein. Eine andere Rassel könnte ein Luftballon sein, in den man ungekochten Reis rieseln lässt. Ein mit Wasser gefülltes Glas macht schöne Töne, wenn man dieses mit einem Metalllöffel anschlägt. Aus einer runden Waschmitteltonne aus Pappe entsteht eine Trommel, wenn man darüber eine oder mehrere Schichten Transparentpapier spannt. Ebenso gut eignet sich jede Art von Töpfen, Schüsseln etc., um darauf zu trommeln. Auf einem spitz zugeschnittenen Strohhalm kann man leise trompeten ...

Bestimmt fallen Ihrem Kind und Ihnen noch weitere tolle Ideen ein, womit Sie Musik machen oder aus welchen Materialien Sie sich Instrumente basteln können. Und ansonsten: Singen Sie gemeinsam in der Badewanne!

Unternehmungen und Ausflüge

Jede Mutter kennt die Tage, an denen einem einfach die Decke auf den Kopf fällt. Das muss nicht an Langeweile liegen, im Gegenteil. Oft sind auch die Kinder überdreht oder müssen einfach mal etwas anderes sehen. Deshalb im Folgenden einige Ideen für Unternehmungen mit Kindern, wenn Sie »einfach mal raus« müssen oder Lust auf etwas anderes als die eigenen vier Wände haben. Dabei finden Sie zunächst Vorschläge, die wenig Zeit in Anspruch nehmen, darauf folgen etwas größere Ausflüge.

Schnell mal raus

Sauerstoff tanken

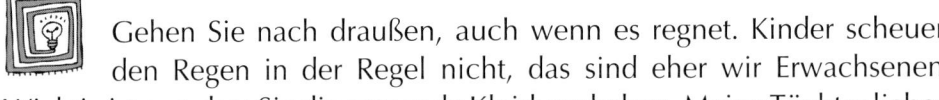 Meist rafft man sich nur schleppend auf, um einfach mal nach draußen an die frische Luft zu gehen. Dabei ist es so wohltuend für Mutter und Kind, Sauerstoff zu tanken. Das muss nicht immer mit großem Aufwand verbunden sein. Oft reicht es schon, eine kleine Runde um die Häuser in der Nachbarschaft zu laufen. Die Kinder sind im Anschluss wieder so fit und ausgeglichen, dass Sie als Mutter in der Regel dazu kommen, die Dinge zu erledigen, die Sie sich vorgenommen haben. Vielleicht können Sie mit Ihrem Kind ja auch folgenden Kompromiss vereinbaren: Gemeinsam gehen Sie eine Runde nach draußen, dafür haben Sie im Anschluss eine Stunde Ruhe. Beispielsweise um ein Telefonat zu führen, das Essen vorzubereiten, in aller Ruhe die Zeitung zu lesen ...

Raus, auch wenn's regnet

Gehen Sie nach draußen, auch wenn es regnet. Kinder scheuen den Regen in der Regel nicht, das sind eher wir Erwachsenen. Wichtig ist nur, dass Sie die passende Kleidung haben. Meine Töchter lieben den Regen. Auch wenn richtiges Schmuddelwetter herrscht, finden es die drei toll, vor die Tür zu gehen. Ich muss mich dann oft selbst überreden, weil es bei schlechtem Wetter recht aufwändig ist, bis alle Kinder mit Regenhose,

Regenjacke, Gummistiefel und Mütze fertig angezogen sind – da vergeht schon seine Zeit. Aber es freut mich auch immer wieder zu sehen, mit wie viel Spaß meine Töchter durch die Pfützen springen, durchs Regenwasser flitzen oder mit ihren Bobbycars hindurchrasen!

Wenn wir dann nach dem »Regenbad« einen warmen Kakao kochen und gemeinsam ein paar Kekse essen, freuen wir uns doch, dass wir den Gang in den Regen gewagt haben!

Sonne tanken

Schöner als der Regen ist natürlich die Sonne. Und so wie Pflanzen das Licht der Sonne brauchen, so ist das auch bei uns Menschen. Wie wäre es denn, wenn Sie das nächste Mal, wenn die Sonne scheint, nach draußen gehen, um etwas »Sonne zu tanken«? Dazu suchen Sie sich im Garten, auf einer schönen Wiese oder einer Waldlichtung einen ungestörten Platz, wo Sie es sich so richtig gemütlich machen. Und wenn Sie mit den Kindern dort liegen, versuchen Sie einmal ganz bewusst die Sonne mit ihren vielen, kleinen Strahlen zu spüren ... Die Sonnenstrahlen wärmen unsere Haut und schenken uns neue Kraft und Energie.

Auf der bunten Blumenwiese

Suchen Sie sich gemeinsam mit Ihrem Kind eine schöne Wiese. Vielleicht haben Sie eine Decke und ein Buch mit. Dann können Sie es sich darauf bequem machen und gemeinsam lesen. Oder Sie pflücken bunte Blumen, die Sie anschließend zu Hause in einer kleinen Vase auf den Tisch stellen. Wer mag, kann die gepflückten Blumen auch pressen und daraus Postkarten oder Briefpapier basteln, wie es bei »Hurra, hurra, die Post ist da!« auf Seite 53 beschrieben steht.

Auf dem Spielplatz

Der Spielplatz ist, zumindest für Kinder, ein begehrter Zeitvertreib für zwischendurch. Meist muss man keinen langen, aufwändigen Anfahrtsweg in Kauf nehmen und zudem spricht für Spielplätze, dass sie in der Regel so gut gesichert sind, dass die Kinder nicht einfach auf die Straße laufen können. Und wer Kontakt zu anderen Eltern sucht, findet auf dem Spielplatz sicherlich auch schnell »Gleichgesinnte«.

Wenn Ihre Kinder schon alleine klettern, rutschen und schaukeln können, könnten Sie den Ausflug zum Spielplatz auch dazu nutzen, um die Zeitung oder ein Buch zu lesen! Denn hier sind die Kinder unter Garantie eine ganze Weile beschäftigt und abgelenkt. Überhaupt sollten Kinder möglichst viele Gelegenheiten haben, sich die Welt *selbständig* zu »erobern«. Kleine Kratzer dabei gehören zur Kindheit! Die Tränen darüber sind schnell vergessen, wenn der Stolz über das erreichte Ziel im Mittelpunkt steht.

Kinder wollen sich die Welt erobern

Gruppen und Initiativen

Manchmal braucht man als Mutter auch mal Ablenkung. Man wünscht sich das Gespräch mit anderen Frauen, die in der gleichen Situation sind, um sich auszutauschen, neue Anregungen zu bekommen und um die Freizeit mit anderen Müttern und deren Kindern zu genießen.

Sicherlich haben Sie auch in Ihrer Nähe Vereine, die Krabbelgruppen, Eltern-Kind-Turnen, Schwimmen oder Ähnliches im Programm haben. Familienbildungsstätten bieten in der Regel auch zahlreiche Veranstaltungen und Kurse an, die sich um Schwangerschaft, Geburt, Babys und Kinder drehen. Auch Geburtshäuser und Hebammenpraxen gibt es inzwischen in jeder Stadt. Dort finden Sie meist etwas ausgefallenere Kursangebote, die für kleinere Gruppen ausgeschrieben werden als in Volkshochschulen oder Familienbildungsstätten. Bestimmt ist auch für Sie etwas Passendes, Interessantes dabei. Und wenn nicht? Dann gründen Sie doch selbst eine Gruppe, die Ihren Bedürfnissen entspricht!

Wenn Sie vielleicht durch einen Umzug in eine neue Stadt gezogen sind und Kontakt zu anderen Müttern suchen, machen Sie doch einen Aushang in Kinderarztpraxen und Kindergärten in Ihrer Nähe. Auch in den entsprechenden Elternzeitschriften kann man kleine Anzeigen veröffentlichen. So tun sich unter Garantie einige Mütter auf, die ebenfalls Kontakt suchen.

Gemeinsam macht es mehr Spaß

Fahrrad, Dreirad, Roller

Fahrzeuge jeder Art (Bobbycar, Kettcar, Roller, Inlineskates ...) sind für Kinder immer eine sehr willkommene Abwechslung. Je nachdem was Ihr Kind zum Fahren zur Verfügung hat, kann es sich dazu einen Platz in der Nähe suchen, an dem es seine Runden dreht. Gut eignen sich Sportplätze, Schulhöfe oder Parks. Je weniger Leute dort sind, desto besser ist es, damit die Kinder nicht ständig aufpassen müssen, dass sie keinen umfahren!

Gerade jüngeren Kindern reicht es schon, wenn sie mit ihren Bobbycars den Gehweg hin und her sausen können. Ob das bei Ihnen möglich ist, hängt natürlich davon ab, ob Sie an einer Hauptverkehrsstraße wohnen oder in einem eher abgelegenen Teil der Stadt.

Darf's ein bisschen mehr sein?

Manchmal hat man Lust, etwas »mehr« zu unternehmen, als nur mal eine Runde um die Häuser zu drehen. Vielleicht scheint draußen sogar die Sonne und Sie wollen das gute Wetter auskosten. Schauen Sie sich die folgenden Ideen einfach an. Bestimmt ist auch der eine oder andere Vorschlag dabei, der Ihrem Kind und Ihnen gefällt.

Stadtbummel

Ein Stadtbummel kann sehr gemütlich sein – auch mit Kindern! Vorausgesetzt man muss nicht ganz dringend etwas besorgen oder die restlichen Weihnachtsgeschenke für die liebe Verwandtschaft erstehen. Nehmen Sie sich die Zeit und schlendern Sie durch die Stadt. Bleiben Sie hier und dort stehen, wo Sie etwas Interessantes sehen. Allein die vielen Leute, denen man begegnet! Und natürlich die vielen Schaufenster, in denen es so viel zu gucken und bestaunen gibt! Oder nutzen Sie diesen Stadtbummel, um sich zu unterhalten.

Im Buchladen

Wenn wir schon einmal in der Stadt sind, gehen wir natürlich auch in einen Buchladen. Finja, Pina und auch Nele stürmen dann jedes Mal in die Kinderbuchabteilung. Es gibt für sie nichts Tolleres, als neue Bilderbücher zu entdecken, die es in unserem Bücherbestand zu Hause tatsächlich noch nicht gibt. Dann und wann dürfen sich die drei dann auch ein neues Buch aussuchen, das wir später zu Hause zusammen lesen. Manchmal gibt es auch bestimmte Anlässe oder Situationen, für die man schon seit längerem ein Buch sucht, da ist hier natürlich die passende Gelegenheit, nach entsprechendem Lesestoff zu fragen (Besuch beim Zahnarzt, Knatsch unter Geschwistern, Umzug ...). In vielen Buchhandlungen sind die Kinderbuchbereiche auch richtig schön aufgemacht: mit einem gemütlichen Sofa oder einer Sitzecke, in der man sich die Bücher alle in Ruhe ansehen kann.

In der Bücherei

Ein Besuch in einer Bücherei kann einige Zeit in Anspruch nehmen, bis alle für sich das Passende gefunden und genug geguckt, gesucht und geblättert haben! Hier gibt es für jeden etwas. Bilderbücher, Bücher für das Erstlesealter, zum Selbstlesen und auch für Eltern ist sicherlich das eine oder andere interessante Werk dabei.

Manchmal gibt es für Kinder Spiele, CDs oder Hörspielkassetten zum Ausleihen. Da häufig gewaltige Unterschiede in der Qualität bestehen, sollten Sie die Bibliothekarin nach Empfehlungen fragen, wenn Sie selbst unsicher sind. Kassetten können meiner Meinung nach das Lesen nicht ersetzen, aber für Zwischendurch oder lange Autofahrten möchte ich sie nicht missen! Auch sind sie für Kinder, die noch nicht so gut oder nicht gerne lesen, ein tolles »Appetithäppchen«. Sie könnten einen Teil einer Geschichte auf der Kassette anhören, dann wieder einen Teil lesen und so weiter ...

Im Eiscafe

Nehmen Sie sich doch an einem schönen Tag mal einen Nachmittag frei! Lassen Sie all die unerledigten Arbeiten im Haushalt liegen und laden Sie Ihr Kind ins Eiscafé ein. Zum einen kann man dort ein leckeres Eis genießen. Zum anderen kommt man mal raus und hat ganz viel Zeit zum Reden. Das Reden klappt nämlich gerade bei älteren Kindern viel besser, wenn man die vertraute Umgebung mit all den vielen Pflichten hinter sich lässt.

In den Zoo

Im Zoo gibt es für Kinder viel zu entdecken. Und das Tollste sind die Fütterungen der Seelöwen oder Pinguine. Oft dürfen die Kinder sogar im Streichelgehege selbst Tiere füttern. Das ist natürlich besonders aufregend. Wenn man sich dann im Tierpark noch mit einer Freundin verabredet, die ebenfalls ein Kind hat, beschert man sich selbst auch einen schönen Tag!

Freunde besuchen

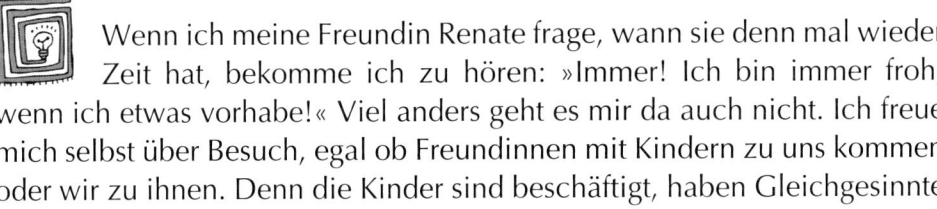

Wenn ich meine Freundin Renate frage, wann sie denn mal wieder Zeit hat, bekomme ich zu hören: »Immer! Ich bin immer froh, wenn ich etwas vorhabe!« Viel anders geht es mir da auch nicht. Ich freue mich selbst über Besuch, egal ob Freundinnen mit Kindern zu uns kommen oder wir zu ihnen. Denn die Kinder sind beschäftigt, haben Gleichgesinnte zum Spielen, Toben, Singen, Lachen und natürlich zum Quatschmachen. Und ich selbst komme mal aus meinem Trott und kann mich in aller Ruhe unterhalten. Na ja, mehr oder minder in Ruhe. (Das Thema Besuch finden Sie ausführlich ab Seite 77 behandelt.)

Hallo Oma, hallo Opa

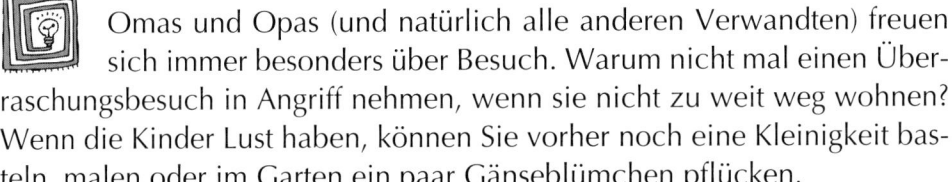

Omas und Opas (und natürlich alle anderen Verwandten) freuen sich immer besonders über Besuch. Warum nicht mal einen Überraschungsbesuch in Angriff nehmen, wenn sie nicht zu weit weg wohnen? Wenn die Kinder Lust haben, können Sie vorher noch eine Kleinigkeit basteln, malen oder im Garten ein paar Gänseblümchen pflücken.

Wenn die Großeltern berufstätig sind, geht das natürlich nicht ganz so spontan. Aber vielleicht können die Kinder mit Ihrer Hilfe vorher einen kleinen Rührkuchen backen oder eine Kanne Tee kochen, den Sie dann mit dorthin nehmen. So müssen sich die Großeltern um nichts kümmern und können sich zur Abwechslung mal von Ihnen verwöhnen lassen! Oder aber Sie laden die Großeltern zum Abendessen ein. Dann können Sie gemeinsam mit Ihrem Kind alles Nötige einkaufen, Salat zubereiten, den Tisch decken etc.

Museumsbesuch

Wenn es draußen kalt, nass und richtig ungemütlich ist, kann man die Zeit wunderbar nutzen, um einen Museumsbesuch in Angriff zu nehmen. Sicherlich gibt es auch in Ihrer Stadt verschiedene Museen, Galerien oder Sehenswürdigkeiten, die Ihre Kinder noch nicht kennen. Manche Städte haben sogar ein richtiges Kindermuseum. Genau das Richtige, wenn es draußen aus Kübeln schüttet!

Zusammen die Natur erleben

Kinder und auch Erwachsene sind in der heutigen Zeit oftmals nicht in der Lage, sich Zeit für sich selbst, ihren Körper und ihre Umwelt zu nehmen, die Stille zu spüren und sich mit deren Hilfe zu entspannen. Die gesellschaftlichen Normen und Anforderungen an den allgemeinen Lebensstandard steigen rasant an. Viele Kinder tun sich schwer, sich alleine zu beschäftigen. Meist leben sie das ausgeprägte Konsumverhalten der Eltern nach, indem sie sich durch Fernsehen, Gameboy, Computer- und Videospiele »berieseln« lassen.

Das meiste Kinderspielzeug ist so konzipiert, dass es kaum Freiräume für kreatives und phantasievolles Spielen lässt. Eigenständiges Denken und Handeln wird immer mehr abgelöst durch vorgegebene Handlungsmuster, die auch vor dem Freizeitbereich nicht Halt machen.

Unsere freie Zeit, besonders die von uns Müttern, wird häufig »fahrplanmäßig« gestaltet. Wir hetzen von einem Termin zum nächsten: Morgens Kinder wecken, Frühstück machen, die Kinder anziehen, dann müssen sie in den Kindergarten oder die Schule, wir eilen in den Supermarkt, kaufen das Nötigste ein, um dann schnell, schnell das Mittagessen vorzubereiten. Selbst die

Termindruck in der »Frei«zeit?

Freizeit unserer Kinder ist viel zu oft durch feste Termine wie z.B. Musikschule, Schwimmkurs, Spielgruppe, Ballettunterricht, Nachhilfe usw. ausgefüllt. Aus diesem Grund möchte ich Ihnen einen Weg aufzeigen, sich und Ihrem Kind ausreichend Ruhe und Bewegung zu verschaffen: Erleben Sie die Natur! Die Natur hat eine enorm beruhigende und heilende Wirkung auf unsere Psyche. Um bei Ihren Kindern die Sensibilität für die Natur zu wecken, sollten Sie zunächst selbst ihren inneren Ruhepol entdecken. Außerdem sollten Sie offen dafür sein, neue Erfahrungen zu sammeln und sich auf persönliche Erlebnisse in der Natur einzulassen. (Siehe auch *Lass uns die Stille suchen* ab Seite 73.)

Waldspaziergang

Ein Spaziergang durch den Wald, fern vom Lärm der Stadt und den Abgasen der vielen Autos, ist eine wahre Wohltat für unsere Seele. Die Kinder haben wirklichen »Frei-Raum« um sich herum, können laufen, toben, klettern, springen, ohne dass sie dabei jemanden stören!

Vielleicht haben Sie ja Glück und das Wetter auf Ihrer Seite. So könnten Sie sich gemeinsam mit Ihrem Kind ein schönes Plätzchen zum Entspannen suchen. Dort könnten Sie dann »Sonne tanken«, so wie es auf Seite 59 näher beschrieben steht!

Nehmen Sie sich doch eine Tasche mit, in der Sie allerlei Naturmaterialien sammeln können, die Sie auf Ihrem Spaziergang finden. Halten Sie die Augen offen und sehen Sie sich nach Tannenzapfen, Blättern, einem schönen Stein, Kastanien, Eicheln oder Bucheckern um. Zu Hause können Sie damit eine Collage auf bunten Tonkarton kleben, daraus Bilder legen oder die Fundstücke auf einem hübschen Teller arrangieren.

Überall sind Spuren

Wenn Sie in der freien Natur unterwegs sind, spielen Sie doch mal Spurensucher. Stecken Sie eine Lupe ein und erforschen Sie damit die Gegend. Sicherlich finden Sie interessante Dinge, Insekten o.Ä., die Sie durch Ihre Lupe beobachten können.

Außerdem gibt es natürlich auch Spuren, die man mit dem bloßen Auge erkennt, wenn man nur ein wenig aufmerksam ist: zum Beispiel Tannenzapfen, an denen Eichhörnchen genagt haben. Oder Spuren von verschiedenen Tieren. Wie sehen denn die Spuren eines Vogels auf dem Waldboden aus? Oder die eines Hasen? Besonders begehrt sind bei Kindern natürlich auch die »Hasenkötel«, die ein Hase dann und wann auf dem Waldboden hinterlässt. Vielleicht entdecken Sie auch eine Ameisenstraße oder eine Schnecke, die gemütlich ihres Weges zieht!

Wer kann denn beim Spazierengehen Pilze finden? Aber bitte diese nicht ausreißen! Man kann die Pilze auch beobachten und unter die Lupe nehmen, wenn sie in der Erde stecken bleiben. Schließlich wollen wir die Natur achten und kennen lernen, ohne sie zu zerstören!

Was fehlt?

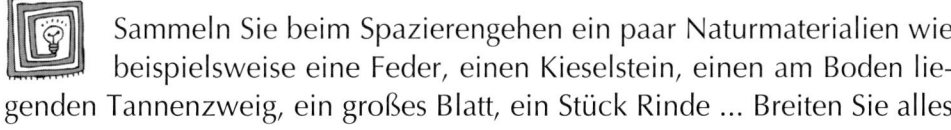

Sammeln Sie beim Spazierengehen ein paar Naturmaterialien wie beispielsweise eine Feder, einen Kieselstein, einen am Boden liegenden Tannenzweig, ein großes Blatt, ein Stück Rinde ... Breiten Sie alles auf dem Waldboden aus und setzen sich gemeinsam daneben. Schauen Sie sich die gefundenen Dinge gut an und nehmen Sie sich Zeit, um alles zu benennen. Vielleicht erinnern Sie sich gemeinsam daran, an welcher Stelle Sie den Stein entdeckt haben, wo das Blatt gelegen hat usw.

Dann machen Sie die Augen zu und Ihr Kind darf eines der Sachen hinter seinem Rücken verschwinden lassen. Sie sollen nun erraten, was fehlt! Im Anschluss muss natürlich auch Ihr Kind einen Versuch starten! Oder versuchen Sie auf dem Heimweg jeweils ein Gegenstück zu den gefundenen Dingen zu entdecken.

Hm, wie das schmeckt

Im Wald gibt es, je nach Jahreszeit, auch essbare Dinge, die man auf einem Spaziergang finden kann. Halten Sie also Ausschau und probieren Sie gemeinsam die Köstlichkeiten, die der Wald zu bieten hat: Walderdbeeren, Blaubeeren, Brombeeren, Himbeeren, Bucheckern, Esskastanien, Haselnüsse etc. Wenn Sie Lust haben, können Sie sich gegenseitig ja Dinge zum Probieren in den Mund stecken und der andere muss erraten, was es war. Allerdings sollten Sie diese Spielvariante nur dann vorschlagen, wenn Sie ganz sicher sind, dass die Kinder essbare Dinge mit Bestimmtheit erkennen!

Blättrig

Sammeln Sie allerhand Blätter und legen Sie diese auf einen Haufen. Dann setzen Sie sich gemeinsam davor und denken sich etwas aus, was man damit legen könnte. Blätter eignen sich zum Beispiel hervorragend, um lustige Männchen und Figuren damit zu erschaffen. Ebenso gut kann man damit ein Mandala oder sogar ein großes Blätterbild legen. Wenn Sie einen Fotoapparat mithaben, könnten Sie dieses blättrige Kunstwerk auf einem tollen Foto festhalten!

Wer mag, kann sich auch einige Blätter für zu Hause mitnehmen. Dort könnten Sie sie zwischen alten Zeitungen pressen und anschließend auf Papier kleben oder Postkarten damit gestalten.

Bitte achten Sie darauf, dass die Kinder nur Blätter nehmen, die schon am Boden liegen. Davon findet man im Wald nämlich genug.

Unser Versteck

Der Wald bietet sich meist dazu an, um ein schönes, kuscheliges Versteck zu bauen. Das kann beispielsweise eine Art Baumhaus oder auch eine Höhle aus Ästen sein. Bauen Sie gemeinsam ein solches Versteck mit den Naturmaterialien, die Sie an Ort und Stelle zur Verfügung haben. Aus am Boden liegenden, abgebrochenen Zweigen und Ästen könnte man sich einen Tunnel, eine Hütte oder eine Art Zelt errichten. Wenn man dieses mit Blättern bedeckt, die man zwischen die Zweige steckt, hat man ein wirklich tolles Versteck. Das bietet auch wunderbar Schutz, wenn es anfängt zu regnen. Dann kann man sich im Versteck so richtig zusammenkuscheln und eine Geschichte erzählen.

Wo steht mein Baum?

Suchen Sie sich während eines Spaziergangs einen Baum aus, der Ihnen besonders gut gefällt. Stellen Sie sich gemeinsam vor den Baum und schauen Sie ihn sich ganz genau an: Wie fühlt sich seine Rinde an? Kann man den Stamm mit beiden Händen umfassen? Wie stecken die Wurzeln in der Erde? Liegen Blätter am Baumstamm? Dann schließen Ihr Kind oder Sie die Augen und werden vom Baum weggeführt. Wer findet den Baum mit geschlossenen Augen wieder, ohne zu blinzeln?

Blättriges Memory

Memory ist bei Kindern ein beliebtes Spiel, weil sie dabei meist fixer sind als die Erwachsenen. Spielen Sie doch während eines Spaziergangs mal Memory. Dazu suchen Sie sich jeweils zwei Naturmaterialien, die sich sehr ähnlich sind: zwei Kastanien, zwei Eicheln, zwei kleine Tannenzapfen, zwei Steine, zwei Stücke Rinde u.v.m. Dann benötigen Sie noch viele große Blätter.

Sie vermischen nun die Naturmaterialien und verteilen diese auf dem Waldboden. Decken Sie dann alle Materialien einzeln mit den Blättern so zu, dass sie nicht mehr sichtbar sind. Nun wird genauso gespielt wie beim herkömmlichen Memory, nur dass eben keine Kärtchen, sondern immer zwei Blätter aufgedeckt werden. Stimmen die darunter liegenden Gegenstände überein, dürfen noch einmal zwei Blätter umgedreht werden!

Was ist das?

Suchen Sie unterwegs jeder für sich einige Naturmaterialien. Setzen Sie sich Ihrem Kind gegenüber. Haben Sie mehrere Kinder, können Sie einen Kreis bilden. Die gefundenen Dinge legen Sie hinter sich auf den Boden. Nun fängt der Erste an und gibt seinem Gegenüber, der seine Augen fest geschlossen hält, einen gefundenen Gegenstand. Der soll nun durch Fühlen und Ertasten erkannt werden. Dann ist der nächste Spieler an der Reihe.

Den Wald atmen

Suchen Sie sich gemeinsam mit Ihrem Kind einen schönen Platz im Wald aus. Einer von Ihnen darf sich dort auf den Waldboden legen. Der andere darf beginnen, die liegende Person mit Hilfe von Blättern und vielleicht auch kleinen Ästen zuzudecken. Allerdings soll der Kopf frei bleiben.

Wenn die liegende Person sich rundherum wohl fühlt, ist es besonders schön, wenn sie ihre Augen dabei schließt. Dann kann sie sich richtig vorstellen, den Wald zu atmen ... Die frische, wohltuende Waldluft ... Man bemerkt beim Atmen, wie sich die Blätter auf dem Körper heben und senken, kann den Geräuschen des Waldes lauschen ...

Ich kenne einen Baum

Dieses Ratespiel eignet sich gut für den Spaziergang, wenn das Ziel weiter weg ist oder die Kinder keine recht Lust mehr haben weiterzulaufen. Hierbei nennen Sie einen Baum: »Ich kenne einen Baum, die Eiche.« Ihr Kind wiederholt den Satz und fügt einen weiteren Baum hinzu. Nun sind Sie wieder an der Reihe, wiederholen den Satz erneut und fügen zum Schluss noch einen weiteren Baum an. Wer schließlich keinen Baum mehr weiß oder die genannten Baumsorten nicht aufzählen kann, muss eine Runde lang aussetzen.

Den Baum, den ich meine ...

Bei dieser Spielaktion sucht sich Ihr Kind eine beliebige Baumart aus. Durch Worte soll es diesen Baum so beschreiben, dass Sie oder die anderen Kinder ihn erraten können. Beispielsweise: »Der Baum, den ich meine, der trägt im Herbst Früchte, die die Rehe gerne fressen. Mit diesen Früchten bastle ich gerne. Die Früchte sind in einer ziemlich pieksenden, runden Schale. Der Baum, den ich meine, hat sehr große Blätter ...« (Kastanienbaum)

Ich sehe was, was ihr nicht seht

Wenn man mit Kindern einen Spaziergang macht und sie dabei die Natur intensiver beobachten und wahrnehmen sollen, eignet sich dazu das Spiel »Ich sehe was, was ihr nicht seht«. Einer beginnt: »Ich sehe was, was ihr nicht seht, und das ist grün!« Nun werden alle viele grüne Dinge benennen und aufzählen. Dadurch werden die Kinder auch auf Pflanzen, Tiere und Gegenstände aufmerksam, die sie vielleicht selbst noch gar nicht bemerkt haben. Sie werden durch dieses Spiel miteinander ins Gespräch kommen und immer wieder neue Sachen entdecken. Man kann das Spiel auch auf Formen, Größe etc. ausweiten. Außerdem können die erratenen Gegenstände, Pflanzen usw. noch einmal genauer betrachtet werden: Wie riechen sie? Wie fühlen sie sich an? An was erinnert dich die Farbe? Wie schwer sind sie?

Die gesamte Wahrnehmung wird geschult. Je mehr Sinne die Kinder bei Spielen, Übungen oder beim Lernen einsetzen, desto besser bleibt das Erfahrene im Gedächtnis! Kinder erinnern sich schneller daran, weil diese Erfahrungen wesentlich umfassender sind als die, die sie sonst erleben.

Ein kleiner Trimm-dich-Pfad

Je nach Alter des Kindes können Sie sich gemeinsam Übungen für den Trimm-dich-Pfad ausdenken. Bei jüngeren Kindern jedoch sollten Sie lieber ein oder zwei Dinge zum Ausprobieren vorbereiten. Beispielsweise könnte eine Aufgabe lauten: Suche auf dem Boden fünf kräftige Äste, stecke sie in den Waldboden und laufe Slalom darum!

Oder man wählt einen Baumstamm aus, über den alle der Reihe nach einmal hin und wieder zurück balancieren müssen. Über dicke Äste und Zweige kann gehüpft oder geklettert werden. Vielleicht gibt es auch einen umgekippten Baumstamm, unter dem man durchkriechen kann.

Diese Spielidee ist immer dann wunderbar geeignet, wenn Ihr Kind oder auch Sie selbst einen starken Bewegungsdrang haben und sich körperlich betätigen möchten. Ihr Kind bekommt auf diese Weise gezielt die Gelegenheit, sich auszutoben.

Lass uns die Stille suchen

Nicht nur Eltern erleben täglich Stress, auch die Kinder sind ihm ausgesetzt! Die Folgen machen sich sicherlich nicht immer gleich bemerkbar. Oft ist es ein langer Prozess, bis sich die Auswirkungen von anhaltendem Druck oder ständiger Hektik zeigen. Tatsache ist, dass jeder für sich Wege und Möglichkeiten finden sollte, sich täglich Ruhephasen zu gönnen, um gezielt abzuschalten und neue Kräfte zu sammeln.

Kindern fällt es in der Regel leicht, zur Ruhe zu kommen. Meist ist es einfach der richtige Weg, der ihnen dazu fehlt. Sie sollten ihnen verschiedene Möglichkeiten aufzeigen, wie auch sie lernen können, mit Anspannung besser umzugehen und ihre innere Ruhe wiederzufinden. Denn gerade die ist bei den hohen Anforderungen, die unsere Gesellschaft heute an Kinder stellt, sehr wichtig.

Von daher möchte ich Ihnen raten, immer wieder gemeinsam die Stille zu suchen, ihr aufmerksam zu lauschen, sie zu genießen und neue Energien aus ihr zu schöpfen. Nicht nur Ihr Kind wird davon profitieren, sondern auch Sie selbst. Schließlich sind auch Sie mit hoher Wahrscheinlichkeit nicht ständig die Ruhe selbst, ausgeglichen und voller Elan. Gönnen Sie sich diese Zeit.

Da es zahlreiche Möglichkeiten gibt, wie Sie gemeinsam in die Stille finden können, habe ich mich ganz bewusst für Wege entschieden, zu denen gerade Kinder schnell Zugang finden. Dennoch sollte das Ziel nicht sein, die vorgestellten Möglichkeiten dazu zu nutzen, noch mehr zu leisten, den Alltag noch besser und schneller zu meistern. Es soll vielmehr ein harmonisches

In stillen Momenten tanken wir Kraft

Verhältnis zwischen Ihnen und den Kindern entstehen, das sich durch die jeweiligen Ideen festigt und Ihnen ruhige, stille Momente schenkt, aus denen Sie Kraft tanken können. Deswegen geht es auch nicht darum, ob Ihr Kind etwas richtig oder falsch macht. Es geht alleine darum, dass Sie sich wohl fühlen, genießen und abschalten können. Lassen Sie allen Leistungsdruck und die Erwartungen, die sonst auf Ihnen und Ihrem Kind lasten, beiseite!

Phantasiereisen

Phantasiereisen sind eine der vielen Möglichkeiten, zur Stille zu finden. Mit ihnen haben Sie die Gelegenheit, sich ins Land der Phantasie zu begeben und den Weg dorthin nach eigenen Ideen, Wünschen, Bedürfnissen und Vorstellungen zu gestalten. Diese Phantasiereisen enthalten in der Regel Elemente aus bestimmten Entspannungsmethoden wie beispielsweise dem autogenen Training, in dem die Übenden Ruhe, angenehme körperliche Schwere und wohltuende Wärme erleben. Diese Elemente sind in Form von Übungsformeln in die Phantasiereisen eingebettet und verhelfen zusätzlich dazu, sich noch tiefer zu entspannen und fallen zu lassen.

Phantasiereisen regen die eigene Phantasie und Kreativität an, denn sie lassen genug Raum, sich gedanklich Bilder zu der Geschichte zu machen und sich alles so auszumalen, wie man es sich wünscht. Außerdem unterstützen Phantasiereisen unser Selbstwertgefühl und unseren Mut. Denn in Phantasiereisen wird man so angesprochen, dass **Phantasiereisen machen Kinder selbstsicher und entspannt** man selbst die Geschichte »mit Haut und Haaren« erlebt. Man wird zum »Helden«, der die Stille findet, zu sich selbst kommt und dabei lernt zu genießen. Das ist besonders für Kinder sehr wichtig, die oft wenig Selbstvertrauen zu sich und ihrem Körper haben, sich schwach und mutlos fühlen und ständig befürchten, etwas falsch zu machen.

Empfehlenswerte Bücher, in denen Sie wunderschöne Phantasiereisen finden, können Sie der Literaturliste auf Seite 117 entnehmen!

Stilleübungen

Stilleübungen sind besonders für unruhige Geister eine schöne Möglichkeit, zur Ruhe zu kommen. In der Regel sind sie so kurzweilig, dass auch Ungeübte schnell Zugang zu ihnen finden und sie mitmachen können. Bei diesen Übungen geht es darum, durch bewusste Ruhe besondere Dinge zu erfahren oder auch Alltägliches plötzlich vollkommen anders wahrzunehmen.

Beispielsweise kann man mal für eine Minute die Augen schließen, ganz still sein und die Ohren spitzen: Welche Geräusche, Laute etc. sind zu hören, die man sonst nicht wahrnimmt? Was ist das für ein Gefühl, ganz still zu sein, meine Augen geschlossen zu halten? Wie fühlt sich mein Körper an?

Oder suchen Sie sich im Garten oder während eines Spaziergangs einen Platz aus, an dem Sie sich ausruhen. Schließen Sie dazu Ihre Augen. Bemer-

Stilleübungen lenken die Aufmerksamkeit auf die kleinen Geschenke des Lebens

ken Sie den leichten Luftzug in Ihrem Gesicht? Riechen Sie die Luft? Können Sie das leise Rauschen der Blätter hören? Spüren Sie die Sonnenstrahlen auf Ihrer Haut?

Stilleübungen wollen Sie aufmerksam machen, Sie dazu animieren, Dinge bewusst zu tun, in sich zu hören, zu spüren, zu riechen, zu schmecken, zu sehen und zu fühlen. Seien Sie ganz bewusst bei den Dingen, die Sie gerade tun, und tun Sie auch nur immer eine Sache zur gleichen Zeit. Sie werden merken, dass das gar nicht so leicht ist!

Meditative Musik

Kinder finden zu Musik schnell Zugang. Meditative Musik ist wie Balsam für die Seele. Immer dann, wenn es bei uns mal wieder drunter und drüber geht, lege ich eine CD mit meditativer Musik ein. Diese Klänge wirken wahre Wunder. Im Nu ist die Stimmung harmonischer und auffallend ruhig.

Aber nicht nur dazu kann man meditative Musik nutzen. Eine andere schöne Möglichkeit ist, die Musik einzusetzen, wenn die Kinder malen oder

Tanzen, malen oder ruhig zuhören: Musik spricht zu unserer Seele

basteln. Oftmals inspiriert die Musik auf diese Weise zusätzlich. Oder die Kinder versuchen einmal, diese Musik zu malen. Welche Farben hat sie, nach welchen Formen klingt sie?

Gönnen Sie sich eine musikalische Auszeit. Legen Sie sich samt Kind und Kegel gemütlich hin und lauschen mit geschlossenen Augen dieser Musik. Tanken Sie dabei neue Kraft und entspannen Sie. Die Musik wird Ihnen dabei helfen. Empfehlenswerte Tonträger mit meditativer Musik finden Sie im Anhang auf Seite 124.

Wenn Besuch kommt

Für mich gibt es kaum Entspannenderes, als mir das Haus voll Besuch zu laden. Meine Freundin Vera schüttelt darüber immer nur den Kopf und fragt, wie ich mir das antun kann, wo ich mit drei Kindern doch schon mehr als ausgelastet bin. Aber Besuch ist nicht nur für mich, sondern auch für meine Kinder eine willkommene Abwechslung. Dennoch gibt es dabei einige Dinge, die man beachten sollte, damit der Besuch auch zu einem schönen, entspannten Erlebnis wird und nicht in Chaos ausartet oder zusätzlichen Stress bereitet.

Ideen zum Ablauf

Generell halten wir es mit dem Besuch so, dass wir uns im Freundeskreis nach Möglichkeit abwechseln. Bekommen wir also dieses Mal Besuch von Renate und ihren Töchtern, so fahren wir beim nächsten Mal dorthin. Auf diese Weise können sich alle Kinder mal auf das andere Zuhause und das Spielzimmer der anderen freuen.

Wenn wir woanders zu Besuch sind oder Kinder uns besuchen, dann kann es sein, dass etwas Zeit nötig ist, bis sich alle »akklimatisiert« haben. Das ist gerade bei jüngeren Kindern vollkommen normal. Von daher sollten Sie Zeit zum »Beschnuppern« und Kennenlernen mit einplanen und nicht sofort erwarten, dass sich alle Kinder freudestrahlend um den Hals fallen und friedlich spielend ins Kinderzimmer eilen!

Spielregeln

❏ Wenn Besuch zu uns kommt, gelten bestimmte Regeln. Genauso ist das auch, wenn wir bei anderen zu Gast sind. Wichtig ist es für die Kinder, dass diese Regeln auch eingehalten werden. Beispielsweise ist bei uns abgemacht, dass die Kinder ihr Spielzeug wegräumen, bevor sie sich etwas Neues holen. Denn wenn im Zimmer die Kiste mit der Holzeisenbahn ausgekippt wird, dazu noch der Schubladeninhalt mit sämtlichen Duplosteinen und Figuren sowie die Bauklötze, dann kann man zum einen im Zimmer nicht mehr laufen und zum anderen

blicken die Kinder erfahrungsgemäß selbst nicht mehr durch. Das führt zu guter Letzt dazu, dass sich die Kinder beim Spielen nicht mehr konzentrieren können. Von daher wird immer nur eine ganz bestimmte Kiste mit Spielzeug zum Spielen »freigegeben«.

❏ Ebenso hören meine Kinder keine Kassette oder sehen fern, wenn andere Kinder zum Spielen da sind. Denn dann sollen die Kinder zusammen spielen, ohne dass sie zusätzlich mit Reizen von Hörspielkassetten oder Liedern völlig überfordert werden.

❏ Eine sehr wichtige Regel bei uns betrifft das lästige Thema Aufräumen. Grundsätzlich räumen meine Töchter, die Besucherkinder und wir Mütter gemeinsam das Zimmer auf, bevor der Besuch sich verabschiedet oder wir nach draußen gehen. So halten wir das auch, wenn wir woanders zu Besuch sind. Denn wer spielt, sollte auch im Anschluss aufräumen. Wenn alle mithelfen, ist das Zimmer im Nu wieder ordentlich. Und wer nicht weiß, wo was hingehört, kann ganz einfach fragen.

❏ Finja und Pina – meine Zwillingstöchter – haben leider immer mal wieder eine Phase, in der sie andere Kinder gerne piesacken und ärgern. Sicher ist es ganz normal, dass Kinder sich beim Zusammenspiel auseinander setzen und es auch mal zu handfesten Streitigkeiten kommt. Aber bei Zwillingen, die meine Töchter nun mal sind, wird dann gleich ein Bonus ausgespielt: Die Zwillingsschwester steht beim Ärgern tatkräftig zur Seite! Dann wird das Zusammenspiel recht mühsam, vor allem wenn nur ein einzelnes Kind zum Spielen da ist. Und so warne ich meine Töchter vor, dass wir sofort gehen, wenn geärgert wird. Glücklicherweise haben die beiden das bisher beherzigt und wir mussten erst ein einziges Mal wieder nach Hause fahren. Aber wenn es öfter sein müsste, würde ich es auch tun. Denn nur zu drohen (»Wenn ihr nicht ..., dann aber ...!«), bringt rein gar nichts. Kinder brauchen Grenzen, an die sie sich halten können.

❏ Bekommen wir selbst Besuch, ist das mit dem Nach-Hause-Fahren natürlich etwas schwieriger. Ich kann ja schließlich dem Besuch schlecht sagen: »Los, fahrt wieder, meine Töchter können sich nicht benehmen.« Aber auch da wissen Finja und Pina genau, dass fiese Ärgerei Konsequenzen hat. Beispielsweise, dass die Gute-Nacht-Geschichte ausfällt, dass es heute keinen »Süßkram« mehr gibt usw.

Welche Regeln Sie für sich und Ihre Kinder aufstellen, liegt natürlich in Ihrem Ermessen. Meist straft man sich leider auch selbst, wenn man den Spielregeln folgt und diese einhält! Nämlich dann, wenn die Kinder sich nicht benehmen und man daraufhin wirklich schon nach zwanzig Minuten wieder fährt. Denn eigentlich hatte man sich ja auch auf einen gemütlichen Nachmittag bei seiner Freundin gefreut! Denken Sie also daran, bevor Sie Kinder mit derartigen Regeln konfrontieren. Wenn für Sie also von vornherein feststeht: »Egal was mein Kind tut, ich habe keine Lust, sofort wieder zu fahren«, dann besprechen Sie mit Ihrem Kind eine andere »Konsequenz«, die sein Verhalten zur Folge haben wird.

Sie sollten jedoch auch wirklich standhaft sein, damit die Kinder daraus lernen und sich dementsprechend an Spielregeln halten. Denn diese braucht man für ein harmonisches Zusammensein! Konsequenz in unangenehmen wie in angenehmen Dingen zeigt Kindern darüber hinaus, dass sie sich auf ihre Eltern verlassen können – und das ist eine ganz wichtige Erfahrung.

Blitzrezepte für Kuchen

Die folgenden Rezepte sind schnell und mit wenigen Zutaten zubereitet. Meist kann man diese Kuchen auch schon einige Tage vorher backen, weil sie sogar noch besser schmecken, wenn sie eine Weile richtig durchgezogen sind!

Schokoladensahne

Zutaten
300 ml Sahne
3 Tafeln Zartbitterschokolade
3 dunkle Wienerböden

Die Schokolade brechen Sie in kleine Stücke und lösen sie im Wasserbad vollständig auf. Dann schlagen Sie die Sahne richtig steif und heben die geschmolzene Schokolade vorsichtig unter. Diese Schokoladenmasse streichen Sie nun zwischen die Wienerböden, die Sie alle drei aufeinander stapeln. Haben Sie noch Sahne übrig, können Sie den Kuchen auch von außen mit der Schokoladensahne bestreichen. Fertig! Wenn Sie möchten, können Sie den Kuchen noch mit Schokoladenstreuseln überziehen. Wird es nicht gleich gegessen, sollten Sie den Kuchen im Kühlschrank aufbewahren. Übrigens kann man ihn gut einige Tage aufheben. Je länger er durchgezogen ist, desto besser schmeckt er!

Beeriger Kuchen

Zutaten
2 oder 3 helle Tortenböden
2 Becher Creme Double
150 g Quark
2 El Zucker
1 Paket tiefgefrorener Beerenmix
Etwas Erdbeermarmelade

Als Erstes den Beerenmix auftauen. Die Creme Double rühren Sie mit dem Quark und dem Zucker zusammen. Dann streichen Sie etwas Erdbeermarmelade auf die Tortenböden. Anschließend kommt über die Marmelade des ersten Bodens eine Schicht Quarkcreme und dann einige Beeren. Dann den zweiten Tortenboden da-

rauf legen und die restlichen Beeren darüber streuen. Bei Bedarf einen dritten Boden ebenso auflegen. Wenn noch etwas Creme übrig ist, können Sie diese um den
Rand der Torte streichen.

Falls Sie keine Marmelade im Haus haben, können Sie sie auch weglassen. In
dem Fall sollten Sie die Quarkmasse aber etwas mehr zuckern!

Ruck-Zuck-Kuchen vom Blech

Zutaten
250 ml Sahne
200 g Zucker
350 g Mehl
1 Tl Backpulver

Für den Belag
200 g gehobelte Mandeln
200 g Zucker
200 g Butter
Etwas Zimt

Die Sahne in eine Rührschüssel geben. Die restlichen Zutaten für den Teig misst
man am einfachsten in dem leeren Sahnebecher ab. Man benötigt einen Becher Zucker und zwei Becher Mehl. Der Teig wird verrührt und sollte eine relativ feste Kon-
sistenz haben. Ist der Teig zu flüssig, quillt er schnell über das Blech, daher ein
Blech mit einem hohen Rand wählen und dieses mit Backpapier auslegen. Dann
den Teig auf das vorbereitete Blech streichen und bei 175°C für 10 Minuten backen.

Währenddessen in einem Topf die Butter und den Zucker schmelzen, den Zimt
und die gehobelten Mandeln dazugeben und diese Masse auf den vorgebackenen
Teig streichen. Nun muss alles noch einmal etwa 10–15 Minuten backen, bis die
Mandeln leicht gebräunt sind.

Anstatt der Mandeln können Sie auch Sonnenblumenkerne, Sesamkerne, ge-
hackte Haselnüsse oder Mandelstifte nehmen oder untereinander mischen.

Schoko-Nuss-Kuchen

Zutaten für eine Kastenform

350 g Margarine
250 g Zucker
3 Eier
375 g Mehl
1 Tl Backpulver
150 g Walnüsse
1 Tafel Zartbitterschokolade

Rühren Sie die Margarine mit dem Zucker durch, fügen dann die Eier hinzu, danach Mehl und Backpulver. Die Nüsse und die Schokolade werden grob gehackt und unter den Teig gehoben. Diesen dann in eine gefettete Kastenform füllen. Nun wird der Kuchen bei 170°C mindestens 60 Minuten gebacken. Am besten machen Sie den Gartest, indem Sie mit einem kleinen Holzstab oder einem spitzen Messer in die Kuchenmitte stechen. Bleibt kein Teig hängen, ist der Kuchen fertig. Dieser Kuchen schmeckt besonders lecker, wenn er zwei bis drei Tage vorher ziehen kann. Von daher lässt er sich wunderbar vorbereiten, wenn Sie wissen, dass Sie Besuch bekommen!

Köstliche Waffeln

Zutaten

250 g Vollkornmehl (ersatzweise Weißmehl)
1 Tl Backpulver
200 g brauner Zucker (ersatzweise weißer Haushaltszucker)
2 Päckchen Vanillezucker
1 El Rum oder Amaretto (wer mag)
250 ml Vollmilch
250 ml Sahne (ersatzweise 250 ml Milch)
Öl für das Waffeleisen

Die Zutaten in beliebiger Reihenfolge zu einem relativ dünnflüssigen, klumpenfreien Teig zusammenrühren. Dann das Waffeleisen gut vorheizen. Bei diesem Rezept ist es ganz wichtig, dass das Eisen gut gefettet bzw. geölt wird. Da keine Eier im Teig sind, klebt er schnell an. Deshalb auch das Waffeleisen nicht zu früh aufmachen, weil der Teig sich sonst teilt!

Waffeln sind zwar nicht so schnell zubereitet wie die anderen hier vorgestellten Kuchen, aber Kinder lieben Waffeln! Zudem kann man sie auch im Wohnzimmer gemeinsam backen oder eben dort, wo Sie sich mit Ihrem Besuch unterhalten. Selbst die Kinder können dabei wunderbar mithelfen, weil Sie sie stets im Blick haben!

Es muss nicht immer Kuchen sein ...

Nicht jedes Mal, wenn Besuch kommt, muss es Kuchen geben. Ebenso tun es auch ein paar Vollkornkekse oder gekaufter Kuchen vom Bäcker, der allerdings nicht gerade preiswert ist. Als Alternative dazu gibt es zum Beispiel in den meisten Supermärkten in der Tiefkühltruhe Pakete mit kleinen Windbeuteln, Berliner Ballen oder Amerikanern. Diese sind in Kürze aufgetaut und bei Kindern der Renner! Oder wie wäre es mit einer Kokosnuss, die Sie gemeinsam knacken? Oder einer saftigen Wassermelone?

Spaß macht auch ein gemeinsames Frühstück. Diejenige, die zu Besuch kommt und so eh unterwegs ist, fährt vorher schnell beim Bäcker vorbei, um Brötchen zu holen. Marmelade, Butter, Käse usw. hat man in der Regel ja vorrätig. Und da man mit den Kindern morgens sowieso frühstücken muss, kann man auch auf den Besuch und die frischen Brötchen warten ...

Vielleicht stellen Sie das nächste Mal, wenn sich Besuch ankündigt, einen Teller mit frischem Obst bereit. Wenn Sie möchten, können Sie auch ein paar Rosinen, Mandeln, Bananenchips oder Ähnliches mit anbieten. Wenn Sie gerne kreativ sind, schneiden Sie das Obst in mundgerechte Stücke und stecken es auf hölzerne Schaschlikspieße. Mit kleinen Rosinen dazwischen, die die jeweiligen Obstsorten voneinander teilen, sieht es für die Kinderaugen garantiert sehr attraktiv aus!

Übrigens ...

Haben die Kinder keine anderen »süßen« Alternativen, wird Obst erstaunlicherweise meist ohne jedes Murren gegessen! Ebenso gut können Sie auch eine Schüssel mit Nüssen auf den Tisch stellen. Die kann man dann mit den Kindern gemeinsam knacken. Nimmt man frische Erdnüsse, können die Kinder sie sogar alleine aufmachen.

Zeit für mich allein

Jede Mutter und jeder Vater braucht auch mal Zeit für sich, um abzuschalten, neue Kraft für den Alltag zu sammeln und um sich selbst mit den eigenen Bedürfnissen ernst zu nehmen. Gönnen Sie sich die Zeit, die Sie dafür brauchen. Halten Sie sich vor Augen, dass diese Zeit auch Ihren Kindern zugute kommt. Wenn Sie rundherum zufrieden, ausgeglichen und glücklich sind, geht es auch in Ihrem Zusammenleben harmonisch zu.

Aus eigener Erfahrung weiß ich, dass es nicht einfach ist, sich diese Zeit zu nehmen. Schließlich tragen Eltern eine große Verantwortung und haben **Haben Sie genug Zeit für sich selbst?** viele Verpflichtungen und Aufgaben, die dringend erledigt werden wollen. Dennoch sollten Sie sich hin und wieder »Auszeiten« gönnen. Auch ein Auto kann nicht fahren, fahren und immer weiter fahren. Zwischendurch braucht es Pausen, neues Benzin, Pflege, Inspektionen und und und ... Und wir sollten uns eigentlich mehr wert sein als ein Auto oder? Schreiben Sie auf, was Sie gerne tun, wann sich Freiräume schaffen ließen, wie Sie an Hilfe von außen kommen etc. Sprechen Sie auch mit Ihrem Partner darüber. Vielleicht lassen sich gemeinsam Lösungen oder Kompromisse finden und bestimmte Dinge in die Tat umsetzen.

Mittagspause

Mittags bauen nicht nur die Kinder ab, wenn sie aus dem Kindergarten oder der Schule kommen, auch die Kräfte einer Mutter lassen zu diesem Zeitpunkt nach. Wie wäre es denn, wenn Sie sich eine kleine Mittagspause gönnen? Wenn Ihre Kinder noch so klein sind, dass sie mittags schlafen, ist es sicherlich kein Problem. Nutzen Sie den Mittagsschlaf Ihrer »Kleinen« jedoch auch wirklich als Pause für sich und fangen Sie nicht an, die Wohnung auf Vordermann zu bringen!

Ich weiß, dass man gerade in der Zeit wirklich am meisten im Haushalt geschafft bekommt, weil einem eben keine Kinder zwischen den Beinen krabbeln. Dennoch sollten Sie sich wenigstens zu **Legen Sie mal die Beine hoch!** einer kleinen Pause aufraffen. Kochen Sie sich einen Tee und lesen in aller Ruhe die Zeitung, die schon den ganzen Vormittag auf Sie gewartet hat. Greifen Sie zum Telefon und halten Sie einen ausgiebigen

Schwatz mit Ihrer besten Freundin, ohne dass die Kinder lauthals am Hörer zerren und krakeelen, weil sie auch telefonieren möchten. Legen Sie sich zehn Minuten hin und machen autogenes Training, damit Sie Ihre Kraftreserven wieder auffüllen können! Wenn Sie keine Entspannungsmethode beherrschen, können Sie sich auch einfach einen Moment hinlegen und schöne, sanfte Musik hören. Tun Sie einfach das, was Ihnen und Ihrem Körper gut tut.

Ein Abend für mich

Wie wäre es, wenn Sie sich einmal pro Woche einen kinderfreien Abend gönnen? Beispielsweise um im Verein Sport zu treiben, einen Kurs bei der Volkshochschule zu besuchen, mit einer Freundin ins Kino oder mit dem Partner mal gemütlich Essen zu gehen. Ob Sie dazu Zeit haben oder nicht, ist eine Frage von Organisation und vor allem von Prioritäten. Nehmen Sie sich und Ihre Bedürfnisse wichtig!

Kinderfreies Wochenende

Ein kinderfreies Wochenende kann man natürlich nicht alle vierzehn Tage einplanen. Schließlich ist das Wochenende meist auch die Gelegenheit, bei der die Familie richtig beisammen ist und die Zeit gemeinsam genießen kann. Aber ein- oder zweimal im Jahr lässt sich so etwas sicherlich organisieren. Vielleicht haben Sie nervenstarke Großeltern, denen Sie die Kinder für ein ganzes Wochenende anvertrauen können. Klären Sie mit ihnen ab, ob sie sich das vorstellen und auch »durchhalten« können. Vielleicht haben Sie Geschwister, die Ihre Rasselbande für ein Wochenende versorgen würden. Oder kinderlose Freunde, die froh sind, wenn mal etwas Leben in die Bude kommt! Falls Sie über einen kompetenten Babysitter verfügen, so kann dieser vielleicht auch gegen entsprechende Bezahlung dabei aushelfen. Vereinbaren Sie dann vorher ein gerechtfertigtes Pauschalhonorar für diese Zeit, denn einen Babysitter über ein ganzes Wochenende stundenweise zu bezahlen, sprengt den finanziellen Rahmen!

Besorgen Sie die notwendigen Dinge, die Ihre Kinder samt »Betreuer« für die Zeit brauchen, im Voraus (Windeln, Nahrungsmittel, Getränke etc.) und informieren Sie den »Betreuungsdienst« über wichtige Dinge wie nötige Medikamente, Allergien oder bestimmte Abneigungen und Vorlieben der Kinder. Füllen Sie die Tiefkühltruhe oder bereiten Sie ein Gratin vor, das sich dann zur gewünschten Zeit problemlos warm machen lässt. Am anderen Tag kann ja ausnahmsweise mal ein »Pizzataxi« geordert werden. Sie brauchen sich dann keine Sorgen mehr zu machen, wenn Sie wissen, dass für alles gesorgt ist. Vielleicht hängen Sie notfalls noch einen Zettel mit wichtigen Rufnummern ans Telefon: Kinderarzt, Großeltern, ggf. Ihre Handynummer o.Ä.

Gute Organisation bedeutet mehr Erholung für Sie

Spielgruppe ohne Eltern

Wenn Sie sich während des Alltags, sprich werktags, mehr Freiraum verschaffen möchten, erkundigen Sie sich doch in Familienbildungsstätten, der Volkshochschule, Kindergärten usw. nach entsprechenden Spielgruppen, die ohne Eltern stattfinden. Manche Gruppen bieten lediglich einen Vormittag an, an dem reihum eine Mutter Dienst hat und der Erzieherin unter die Arme greift. Es gibt aber auch Spielgruppen, die drei Vormittage in der Woche stattfinden, ohne dass Mütter mithelfen. Eine tolle Vorbereitung auf den Kindergarten!

In manchen Städten gibt es auch Einrichtungen, die Kinder stundenweise gegen geringes Entgelt betreuen. Oft liegen sie direkt in der Stadtmitte und bieten sich immer dann an, wenn Sie ungestört einige Besorgungen machen möchten. Bevor man dann sein Kind mitschleppt, das meist sowieso nur nörgelt oder im Porzellangeschäft das teure Villeroy-und-Boch-Geschirr umsortiert, gibt man es lieber in die Hände von erfahrenen PädagogInnen, die in solchen Einrichtungen tätig sind. Erkundigen Sie sich diesbezüglich doch bei Ihrem Jugendamt, das Ihnen über sämtliche Einrichtungen zur Betreuung von Kindern bzw. Jugendlichen Auskunft geben kann.

Betreuungstausch

Vielleicht haben Sie Freundinnen oder Bekannte mit Kindern im gleichen Alter, die auch froh wären, mal etwas mehr Zeit für sich zu haben. Schlagen Sie ihnen doch einen Betreuungstausch vor. Einigen Sie sich auf einen Tag, der Ihnen günstig erscheint, und bestimmen Sie diesen zum Kindertag. Dann geht es reihum. In einer Woche nimmt Julia alle Kinder zu sich und betreut sie, in der nächsten Woche kommen dann alle Kinder zu Doris und ihren Kindern. Anschließend ist Maja an der Reihe usw. So hat jede ein paar Vormittage für sich, bevor sie wieder mit Kinderhüten an der Reihe ist!

Babysitter

Unsere Babysitterin möchte ich nicht mehr missen! Da es nicht immer ganz einfach ist, einen passenden Babysitter oder eine Kinderfrau zu finden, die Ihren und den Interessen Ihres Kindes entspricht, möchte ich Ihnen einige Tipps und Ideen dazu mit auf den Weg geben.

❏ Entwerfen Sie pfiffige Plakate und hängen Sie diese in Kinderarztpraxen, der Uni, sozialpädagogischen Schulen etc. auf. Kleben Sie ruhig ein witziges Bild Ihrer Kinder darauf, damit die Babysitter wissen, was und wer sie erwartet. Vergessen Sie nicht Ihre Anschrift oder zumindest Telefonnummer mit Vorwahl; praktisch sind dabei kleine **Gesucht wird ...** Abschnitte am Rand des Plakats, die einzeln abgerissen werden können. Gut ist es, etwas über Ihre Kinder auf dem Plakat zu verraten: Name, Alter, Vorlieben ... Ein Plakat lässt auch noch genug Raum für Ihre Vorstellungen und Wünsche, die Sie an einen Babysitter stellen. Wie soll die Person sein? Welche Fähigkeiten soll sie haben? Was soll sie alles tun? Sollte sie auch leichte Arbeiten im Haus übernehmen? Soll diejenige auch tagsüber einspringen oder brauchen Sie einen Babysitter hauptsächlich für abendliche Anlässe?

❏ Geben Sie in der Tageszeitung, in Stadtteilzeitungen o.Ä. eine Anzeige auf. Diese sollte kurz und knapp, dennoch aber ausgefallen sein. Schließlich sollte die Person, die Ihre Kinder betreut, nicht irgendjemand sein, stimmt's? Sicherlich haben Sie auch bestimmte Vorstellungen von der Person, die Ihre Kinder betreuen soll. Wenn Sie diese Annonce per Chiffre aufgeben, lassen Sie sich ruhig eine ausführliche Bewerbung mit Bild, Gehaltsvorstellung und den Informationen schicken, die Sie als »Arbeitgeber« interessieren.

❏ Wenn Sie einen Babysitter suchen, machen Sie Mundpropaganda. Je mehr Leute wissen, dass Sie jemanden zur Betreuung Ihrer Kinder suchen, desto schneller tut sich jemand Geeignetes auf. Meist ist es auch besser, jemanden empfohlen zu bekommen, der im Freundeskreis bekannt ist. Vielleicht hat Ihre Freundin auch jemanden auf Lager, den sie bereit ist zu teilen. Klären Sie dies aber im Vorfeld ab, damit kein Streit

entsteht! Möglicherweise ist der Babysitter ja bereit, auf alle Kinder gleichzeitig aufzupassen, dann könnten Sie sich das Feld (und auch das Geld!) teilen.

❑ Vielleicht gibt es in der Nachbarschaft ältere Kinder, die sich gerne ein paar Mark verdienen möchten und kinderlieb sind? Diese sind Ihren Kindern ja vielleicht auch schon bekannt. Das hat den entscheidenden Vorteil, dass man die Kinder nicht erst an die neue Person gewöhnen muss und unnötige Tränen vermeidet. Oder aber Sie haben schon ältere Kinder im Freundes- oder Verwandtenkreis. Das ist für die Kinder meist noch schöner.

Auch Geschwister sollte man ab und an trennen

So wie es für Sie selbst als stressgeplagte Mutter wichtig ist, mal Zeit für sich zu haben, sollten Sie nach Möglichkeit auch darauf achten, Geschwister dann und wann zu trennen. Sicher benötigt das ein gewisses Maß an Organisation, zumindest wenn die Kinder noch klein sind und Sie jemanden brauchen, der sie betreut. Ältere Kinder könnten in der Zeit auch eine Freundin oder einen Freund besuchen. Ist Ihr Kind schon so selbständig, dass es alleine zu Hause bleiben kann, ist es überhaupt kein Problem, Geschwister mal einen Nachmittag zu trennen.

Warum ist es überhaupt wichtig, dass Sie Zeit mit jedem Kind allein verbringen? Hat Ihr Kind beispielsweise ein Geschwisterchen bekommen, wird es um jede Minute froh sein, in der es die Mama einmal ganz für sich alleine hat. Und wenn es nur eine Viertelstunde ist, in der Sie **Kinder wünschen sich Ihre ungeteilte Aufmerksamkeit** ihm ein schönes Bilderbuch vorlesen und sich Zeit zum Kuscheln und Schmusen nehmen. Schließlich dreht sich gerade in der Anfangszeit alles nur noch um das Baby, das von allen bestaunt, getragen und geknuddelt wird. Für die nun »großen« Geschwisterkinder ist das alles andere als leicht. Besonders dann, wenn sie bisher die Mama für sich alleine hatten.

Aber auch Kinder im Kindergarten- oder Schulalter und ebenso diejenigen, die sich schon in der Pubertät befinden, genießen es, wenn sie Sie einmal wirklich für sich haben. Vielleicht entscheiden Sie mit Ihrem Kind, was Sie gemeinsam unternehmen möchten. Zum Beispiel einen Stadtbummel, ein Eis essen gehen, neue Schuhe kaufen oder auch nur mal eine Stunde zusammen spazieren gehen, um in aller Ruhe zu reden, ohne dass die kleine Schwester mit großen Ohren dabeisitzt und alles mitbekommt.

Das Wochenende

Das Wochenende ist den meisten Familien »hoch und heilig«. Oft sind das wirklich die zwei Tage, an denen alle Familienmitglieder Zeit füreinander haben, zum Reden und um gemeinsam etwas zu erleben, Ausflüge zu machen ...

Darüber hinaus ist das Wochenende aber auch dazu da, um sich von der vergangenen Woche zu erholen, neue Kraft zu schöpfen und Zeit für die Dinge zu haben, zu denen man während der Woche nicht kommt.

Wie Eltern auch mal zur Ruhe finden

Auch Sie haben eine Pause verdient. Egal ob Sie selbst außerhalb des Hauses oder innerhalb berufstätig sind – oder beides, jeder braucht mal Ruhe. Je mehr, desto besser. Und sicherlich freuen Sie sich ja auch schon darauf, dass Sie am Wochenende mehr Zeit mit Ihrem Partner verbringen können. Aus diesem Grunde möchte ich Ihnen nun ein paar Tipps mit auf den Weg ins nächste Wochenende geben, damit das auch wirklich klappt:

❑ Gönnen Sie sich selbst ein richtiges Wochenende. Lassen Sie die Wohnung und den Haushalt auch Wochenende haben und tun Sie nur die Dinge, zu denen Sie wirklich Lust haben. Der Berg Wäsche, der noch in der Schlafzimmerecke zum Bügeln steht, kann auch noch zwei weitere Tage warten. Genießen Sie lieber die Zeit, die Ihnen für Ihre Kinder und Ihren Partner bleibt, anstatt sich mit Putzen, Waschen, Bügeln oder sonstigen »unnützen« Dingen abzugeben.

❑ Wenn Sie schon der Ansicht sind, dass manche Dinge im Haushalt gemacht werden müssen, erklären Sie den Samstagmorgen zum »Hausputztag«. Geben Sie jedem in der Familie eine Aufgabe. Vielleicht kann Ihr Mann mit einem Kind den Wochenendeinkauf tätigen, ein anderes Kind leert sämtliche Papierkörbe und räumt die Spülmaschine ein. Währenddessen saugen Sie das Kinderzimmer und beziehen die Betten neu. Gemeinsam geht nicht nur alles schneller, sondern es bleibt auch mehr

Zeit, die Sie dann im Anschluss zusammen genießen können. Davon abgesehen sehen die Kinder so von Anfang an, dass Mütter nicht immer für alles zuständig sind, und lernen Verantwortung zu übernehmen.

❑ Verabreden Sie sich mit guten Freunden, die dieselben Interessen haben wie Sie. Wichtig ist, dass sowohl Sie als auch Ihr Partner diese Freunde mögen und dass nicht einer die Verabredung nur dem anderen zuliebe wahrnimmt! Unternehmen Sie alle gemeinsam etwas Schönes, was Ihnen Spaß macht und wobei auch die Kinder willkommen sind.

❑ Wenn Sie einfach mal nur ausspannen möchten und keine größeren Aktivitäten in Angriff nehmen wollen, laden Sie sich ein oder mehrere Kinder ein. Am besten diejenigen, mit denen Ihr Kind am liebsten spielt. So sind die Kinder beschäftigt, ohne dass Sie die ganze Zeit den »Animateur« spielen müssen.

❑ Onkel, Tante und Verwandte ... Das Wochenende bietet sich immer wunderbar an, um nette Leute aus der Verwandtschaft zu besuchen oder zu sich einzuladen. Tun Sie dies aber nur, wenn Sie sich wirklich freuen, sie zu sehen. Schließlich soll das Wochenende für schöne Dinge da sein und nicht um Pflichtbesuche gegen den eigenen Willen aufrechtzuerhalten!

❑ Die meisten Menschen lieben das Wochenende besonders deshalb, weil sie ausschlafen können. Für Eltern gibt es dagegen eigentlich nie Wochenende. Man ist ständig im Einsatz – rund um die Uhr. Aber wie wäre es denn, wenn Sie sich mit Ihrem Partner abwechseln und jeder einmal die »Frühschicht« übernimmt? So könnte einer von Ihnen an einem Tag richtig ausschlafen, während der andere den Kinderdienst übernimmt! Oder lassen Sie Ihre Rasselbande am Morgen mit ins Bett. Vielleicht haben Sie ja Glück und der eine oder die andere schläft dort wieder ein. Wenn nicht, könnten Sie die Zeit wenigstens dazu nutzen, gemeinsam zu kuscheln, noch eine Weile liegen zu bleiben, um zu lesen, oder eine wilde Kissenschlacht zu machen, damit alle richtig wach werden!

Ideen für zu Hause

Mama-, Papa-, Timotag

Wenn die Kinder älter werden, haben sie oft schon eigene Vorstellungen davon, wozu das Wochenende da ist und was gemacht werden soll. Wer entscheidet dann? Erklären Sie doch die Sams- oder Sonntage abwechselnd zum Mama- oder Papatag und dann zum Timotag (oder wie Ihr Kind eben heißt). So darf an einem Mamatag die Mama die Dinge aussuchen, die gemacht werden. An einem Timotag dagegen darf sich dann Timo wünschen, was er gerne möchte!

Dies ist übrigens nicht nur eine gute Idee für ein Wochenende, sondern auch für einen längeren Familienurlaub. Der eine liegt dann gerne den ganzen Tag in der Sonne, während ein anderer voller Tatendrang die Gegend erkunden möchte oder Sport treibt. Mit einem Mama-, Papa-, Timotag dagegen verläuft der Urlaub gerecht, weil jeder einmal auf seine Kosten kommt!

Ich bin du und du bist ich – Rollentausch

Einmal im Leben die Mama sein und selbst bestimmen, was getan wird – das wünscht sich wohl jedes Kind. Deshalb sollten Sie Ihrem Kind/Ihren Kindern diesen Traum einmal erfüllen. Die Kinder sind nun Mama und Papa und Sie das Kind. Ihre Kleinen sagen, wo es langgeht, und Sie sollten sich nach Möglichkeit danach richten. Nicht dass Ihnen Ihre Kinder noch Fernsehverbot auferlegen oder gar die Süßigkeiten vorübergehend streichen, weil Sie nur Unsinn im Kopf haben!

Von Ihrer eigenen Kindheit erzählen

Ein schöner Zeitvertreib fürs Wochenende ist das gemeinsame Plaudern über die Kindheit. Aber nicht nur über die Kindheit der Kinder, sondern auch über die von Mama und Papa. Man könnte davon er-

zählen, wie es damals war, Kind zu sein, was man selbst für Schabernack getrieben hat, wie man seine Eltern auf die Palme treiben konnte ...

Das ist nicht nur sehr erheiternd und zum Lachen, sondern schafft eine enge Vertrautheit und Bindung. Denn dadurch sehen die Kinder, dass die Eltern nicht perfekt sind und auch allerhand Unsinn getrieben haben! Das ist schließlich ganz normal, wenn man klein ist – oder nicht?!

Fotos ansehen

Wenn das Wetter es nicht zulässt, dass man etwas draußen unternimmt (siehe auch *Raus, auch wenn's regnet* auf Seite 58), dann bietet es sich an, mal die Fotoalben rauszuholen. Machen Sie es sich auf dem Sofa richtig gemütlich und schauen Sie sich gemeinsam Bilder an. Das können welche sein, die aus jüngerer Zeit stammen, aber auch Fotos, auf denen Ihre Kinder gerade geboren waren, oder Bilder aus Ihrer eigenen Kindheit. Dazu könnten Sie dann Geschichten erzählen, sich an die jeweiligen Situationen, beispielsweise den letzten Urlaub am Meer, erinnern und zusammen in die Vergangenheit schweifen!

Eigenes Video drehen

Wenn Sie eine Videokamera haben, könnten Sie doch mal zum eigenen Regisseur und Produzenten werden. Drehen Sie Ihr eigenes Video, bei dem die gesamte Familie mitspielen darf. Selbst die Haustiere, wenn vorhanden, können mit von der Partie sein. Lassen Sie sich ruhig was einfallen. Spaß ist auf jeden Fall garantiert.

Wir spielen Theater

Diese Idee macht bestimmt allen großen und kleinen Familienmitgliedern Spaß! Basteln oder schneidern Sie sich Ihre Kostüme, bauen Sie sich ein tolles Bühnenbild und denken Sie sich ein spannendes oder lustiges Theaterstück aus, das Sie gerne gemeinsam auf »die Bühne« bringen möchten. Wenn Ihnen nichts einfällt, können Sie ja vielleicht eine bekannte Geschichte aus einem Buch nachspielen. Stellen Sie dazu in jedem Fall auch einen Tisch, Spiegel usw. bereit, damit der »Maskenbildner« ans Werk gehen kann. Mit richtiger Schminke, Perücken und weiteren Utensilien zum Verkleiden macht das Theaterspielen noch mehr Spaß!

Geschichtenerfinder

Machen Sie es sich alle richtig gemütlich, zünden Sie eine Kerze an und spielen »Geschichtenerfinder«. Wer mag, beginnt einfach eine Geschichte zu erzählen. Das kann eine Geschichte sein, die alle kennen, oder auch eine selbst erfundene. Wenn dann demjenigen, der bis jetzt erzählt hat, nichts mehr einfällt, darf er das nächste Familienmitglied zum Geschichtenerfinder ernennen. Der muss dann diese Geschichte nach seinen Vorstellungen ein Stück weiter erzählen. Bis schließlich der Letzte im Bunde die Geschichte beendet.

Wenn eine besonders gelungene Geschichte dabei herauskommt, sollten Sie diese im Anschluss aufschreiben. So könnten Sie sich ein richtiges kleines Geschichtenerfinderbuch anlegen, in dem all diese tollen Geschichten gesammelt werden. Außerdem könnten die Kinder dieses Buch mit selbst gemalten Bildern bestücken.

Märchenstunde

Nehmen Sie sich am nächsten Wochenende doch eine Märchenstunde vor. Das muss nicht unbedingt ein bekanntes Märchen der Gebrüder Grimm sein. Märchen von Hans Christian Andersen oder die aus Tausendundeiner Nacht sind ebenfalls wunderschön. Es gibt auch Bücher mit Märchen, die aus anderen Kulturen stammen, wie alte Indianermärchen und viele mehr. Nehmen Sie sich Zeit und vor allen Dingen: Machen Sie es sich gemeinsam gemütlich, bevor Sie ein Märchen erzählen.

Kasperletheater

Kasperletheater ist besonders für jüngere Kinder stets ein großes Ereignis. Wenn Sie selbst über kein solches Theater verfügen, können Sie einen Türrahmen zur Hälfte mit einem Betttuch verhängen und sich dahinter setzen. Falls Sie selbst keine Puppen besitzen, fragen Sie doch einfach im Bekannten- und Freundeskreis herum, sicherlich kann Ihnen jemand mit einigen Kasperlefiguren aushelfen! Oder Sie basteln sich Ihre Figuren an einem Wochenende selbst. Dabei sind der Phantasie keinerlei Grenzen gesetzt. Basteln Sie die Köpfe der Figuren aus Pappmaschee, Klorollen, Holz- oder Styroporkugeln. Aber auch ein alter Strumpf kann zu einer Handpuppe werden, wenn man zwei Knöpfe als Augen annäht oder Augen aus Filz aufklebt. Den Körper selbst kann man recht schnell aus Filz oder Stoffresten machen.

Wer sind unsere Nachbarn?

Kennen Sie eigentlich all Ihre Nachbarn? Wie wäre es denn mit einem Nachbarschaftsfest? Vielleicht in Form einer Grillparty, bei der jeder etwas zu essen mitbringt und nicht nur einer alleine die ganze Arbeit hat. Gerade für Kinder ist es toll, wenn man zu den Nachbarn ein freundschaftliches Verhältnis hat. Vielleicht könnten diese ja dann und wann auch als Babysitter einspringen ...

Gemeinsames Badefest

Wenn Ihnen noch immer nichts eingefallen ist, was Sie am Wochenende machen wollen, starten Sie doch einfach spontan ein gemeinsames Badefest. Je nachdem, wie groß Ihre Familie nun ist, passen natürlich nicht alle in die Badewanne. Aber vielleicht lässt es die Größe Ihres Badezimmers ja auch zu, dass Sie ein aufblasbares Planschbecken mit hineinstellen! Dabei ist viel Spaß garantiert. Stellen Sie sich allerdings darauf ein, dass auch reichlich Wasser »über die Ufer« tritt. Aber keine Bange, auf den Fliesen kann man dies im Anschluss ruckzuck wieder trocken wischen! Wenn alle tatkräftig mithelfen, ist das gar kein Problem.

Zusammen fernsehen

Dass Kinder auch ab und an fernsehen, lässt sich wohl kaum vermeiden. Aber Sie als Eltern können zumindest etwas »lenken«, indem Sie am Wochenende (mit älteren Kindern vielleicht auch am Abend) gemeinsam fernsehen bzw. ausgewählte Videos gucken. Es müssen nicht immer Filme mit reichlich Action und Gewalt sein, damit Kinder sich dafür interessieren. Wenn Sie einen Videorekorder besitzen, könnten Sie dem üblichen Fernsehprogramm schöne Konkurrenz machen. Auf diese Weise haben die Kinder auch einen Ansprechpartner, wenn sie Fragen haben, der Handlung nicht folgen können o.Ä. Kinder sollten nämlich, zumindest wenn sie noch klein sind, nicht alleine vor dem Fernseher sitzen!

Familienausflüge am Wochenende

Familienausflüge am Wochenende tun der gesamten Familie gut. Deshalb finden Sie hier, zusätzlich zu dem Kapitel *Ausflüge* ab Seite 57, Ideen für besondere Unternehmungen, die den Kindern und Ihnen sicherlich lange Zeit als »Highlight« in Erinnerung bleiben werden.

Ein Wochenende in der Jugendherberge

Jugendherbergen sind nicht mehr das, was sie früher einmal waren. Viele haben kräftig umstrukturiert. Es gibt beispielsweise Jugendherbergen, die einem Sporthotel gleichkommen, oder solche, in denen gesunde Vollwertkost statt der üblichen Großküchenmahlzeiten serviert wird. Viele Jugendherbergen bieten sogar ein tolles Programm am Wochenende an, um Gäste ins Haus zu locken. Ein Gesamtverzeichnis bzw. Veranstaltungsprogramm kann man z.B. beim Deutschen Jugendherbergswerk (05231/74 01-0) anfordern. So gibt es Angebote für Familien im Bereich Musik, Erlebnispädagogik oder auch Veranstaltungen, die unter einem tollen Motto stehen wie z.B. »Wir leben wie die Ritter«.

Eine Nachtwanderung

Am Wochenende sollten Sie ausnutzen, dass Sie und die Kinder einmal nicht wie gewohnt um 7.00 Uhr oder gar noch früher aus den Betten müssen. Planen Sie gemeinsam eine Nachtwanderung und packen Sie alle notwendigen Utensilien zusammen: Rucksack, eine Thermoskanne mit warmem Tee, Taschenlampen, Kompass, eine Wanderkarte und eben all die Dinge, die man für eine richtige Nachtwanderung braucht! Wenn es dann draußen richtig dunkel ist, ziehen Sie sich alle warm an und los geht's in die Nacht hinaus ...

Lust auf Camping?!

Wenn das Wetter es zulässt, planen Sie doch ein Wochenende zum Zelten ein! Der Campingplatz muss nicht riesengroß und kilometerweit entfernt sein. Vielleicht gibt es ja auch eine Möglichkeit zum Campen in Ihrer Nähe, ohne dass Sie viel Fahrzeit in Kauf nehmen müssen.

Planen, packen und organisieren Sie gemeinsam, damit nicht alle Arbeit, die damit verbunden ist, an Ihnen allein hängen bleibt. Vielleicht haben Sie ja vorher Zeit, um in der Bücherei nach Wanderkarten usw. Ausschau zu halten. Das soll allerdings nicht heißen, dass Sie die gesamte Zeit etwas konsumieren müssen. Ein Wochenende auf einem abgelegenen Campingplatz mit viel Natur und Wald drumherum ist wohltuend für alle!

Für kleine Kinder reicht es auch vollkommen aus, im eigenen Garten zu zelten. Das ist schon spannend genug. Und wenn die »Kleinen« dann doch der Mut verlässt, kann man gleich nach drinnen ins eigene Bett wandern!

Kino

Kinder finden einen Kinobesuch in der Regel sehr aufregend. Erfüllen Sie Ihren Kindern dann und wann einmal diesen Wunsch. Suchen Sie sich gemeinsam einen Film, der möglichst action- und gewaltfrei sein sollte(!), aus, den Sie an einem der kommenden Wochenenden gemeinsam ansehen. Erklären Sie Ihren Kindern aber ruhig, dass Kino etwas Besonderes ist, das nicht jede Woche auf dem Plan stehen kann. In unserer Gesellschaft, in der Konsum eine solch große Rolle spielt, sollte man Kindern ruhig öfter darauf hinweisen!

Schwimmen gehen

Die meisten Kinder sind wahre Wasserratten. Doch gerade, wenn man mehrere Kinder hat und diese auch noch nicht alleine schwimmen können, kann Schwimmengehen stressig werden. Von daher bietet sich das Wochenende an, wenn Ihr Partner eines der Kinder übernehmen kann.

Wenn Sie einen richtigen Tagesausflug zum Schwimmen einplanen, sollten Sie ein Schwimmbad auswählen, dass größer ist als die normalen, städtischen Hallenbäder. In vielen Städten gibt es richtige Schwimmzentren oder Vergnügungsbäder, in denen man außer einem Becken zum Schwimmen meist auch eine Wasserrutsche, Whirlpools, extra Becken für Kleinkinder, ein Wellenbad u.v.m. findet.

Stadtrally

Wie gut kennen Sie die Stadt, in der Sie wohnen? Bereiten Sie doch mal eine Stadtrally vor, zu der Sie noch eine oder mehrere andere Familien mit Kindern einladen. Die Kinder könnten dann zum Beispiel als unschlagbares Team gegen die Eltern spielen.

Diese Rally kann quer durch die Stadt führen oder auch nur durch den Stadtteil, in dem Sie wohnen. Zum Beispiel könnten Sie einige Fotos von bekannten Gebäuden machen und die Rallyteilnehmer das richtige Gebäude finden lassen. Noch kniffliger wird es, wenn Sie nur bestimmte markante Teile eines Gebäudes oder eines Denkmals als Anhaltspunkt geben. Vielleicht haben Sie ja Lust, dieses lustige Wochenendvergnügen gemeinsam mit den Kindern vorzubereiten, die Route abzufahren, sich passende Aufgaben zu suchen und all das zu planen, was man benötigt.

Marionettentheater

Auch ein Besuch im Marionettentheater ist für Kinder immer etwas ganz Besonderes. Oftmals sind jedoch gerade die Wochenendvorstellungen weit im Voraus ausgebucht. Einen solchen Ausflug sollten Sie deswegen bereits einige Zeit vorher planen, um dann auch die gewünschte Anzahl Karten vorzubestellen. Ein Besuch im Marionettentheater eignet sich auch wunderbar als ausgefallenes Geburtstagsgeschenk oder zu anderen besonderen Anlässen wie beispielsweise Ostern oder Weihnachten.

Schauspielhaus/Oper

Ebenso wie der Besuch im Marionettentheater ist auch ein Besuch im Theater oder gar in einer Oper für Kinder etwas wirklich Spannendes. Viele Schauspielhäuser bieten gerade in der Vorweihnachtszeit extra Stücke für Kinder an. Sogar tolle Opern oder Musicals speziell für Kinder gibt es! Erkundigen Sie sich doch einfach mal im Schauspielhaus oder der Oper nach dem jeweiligen Programm.

Picknick

Ein Picknick im Grünen – einfach toll! Leider kann ein vorher gut geplantes Picknick auch ins Wasser fallen, wenn es an diesem Tag draußen wie aus Kübeln schüttet. Um die Freude auf das geplante Picknick dann nicht zu zerstören, könnte man das Picknick einfach im Kinderzimmer auf dem Boden machen. Oder anstatt die Sachen für das geplante Picknick in einen Korb zu packen, lädt man alles auf ein Tablett und macht daraus ein gemütliches Frühstück im Bett!

Radtour

Eine Radtour ist auch immer eine schöne Idee fürs Wochenende. Besonders dann, wenn Sie die Fahrräder aufs Autodach laden, um irgendwo in der Umgebung eine Radtour zu starten.

Falls Ihre Kinder schon selbst Rad fahren können, sollten Sie die Strecke gut planen. Denn wenn der Weg zu guter Letzt zu weit oder zu hügelig ist, kann die Radtour zu einer wahren Tortur werden. Bei jüngeren Kindern sollten Sie auch die, die im Fahrradanhänger oder Fahrradsitz mitfahren, im Auge behalten und ausreichend Pausen machen. Viele Kinder haben einen recht ausgeprägten Bewegungsdrang und langweilen sich schnell, wenn sie stundenlang angeschnallt im Fahrradsitz »festhängen«.

Auf der Pirsch

Sehr aufregend, aber es lohnt sich: eine Nacht auf dem Hochsitz im Wald. Von dort aus, eingekuschelt im warmen Schlafsack, kann man mit etwas Glück und einem Fernglas die Tiere des Waldes beobachten und schließlich den wunderbaren Sonnenaufgang. Man kann die Stille genießen und einmal wirklich abschalten. Allerdings ist dieses »Abenteuer« für Kinder im Kindergartenalter noch nicht zu empfehlen!

Vielleicht kennen Sie einen Förster oder Jäger, der Ihnen einen Hochsitz nennen kann, von dem aus man gute Chancen hat, Rehe und Kaninchen in freier Wildbahn zu beobachten. Achten Sie in jedem Fall darauf, dass alle warm genug angezogen sind. Lieber eine Schicht zu viel als zu wenig! Ausziehen können Sie immer noch etwas, sollte es tatsächlich zu warm sein! Eine Kanne mit warmem Kakao oder Tee leistet auch gute Dienste. Ebenso ein paar Butterbrote gegen knurrende Mägen, die zu guter Letzt noch die Rehe verjagen ...

Das Wochenende zusammen planen

Gerade wenn Sie schon ältere Kinder haben, gibt es an Wochenenden sicher oft heftige Diskussionen darüber, was gemacht wird. Und ob die Kinder unbedingt mitmüssen. Und dass die Kinder vollkommen andere Vorstellungen haben als ihre Eltern usw.

Nachfolgend möchte ich Ihnen ein paar Ideen vorstellen, um solche unangenehmen Streitereien zu vermeiden. Das soll nicht heißen, dass Sie Diskussionen und Debatten mit Ihren Kindern unterbinden sollen. Ganz im Gegenteil! Sie sollten versuchen, offen mit Ihren Kindern umzugehen, sie in die Wochenendplanung mit einzubeziehen und gemeinsam Kompromisse zu finden.

Wochenendplenum

Setzen Sie sich einmal pro Woche am Abend zusammen und planen Sie gemeinsam das anstehende Wochenende. (Vielleicht lesen Sie dazu auch noch das Kapitel *Familienkonferenz* ab Seite 109.) Sammeln Sie bei diesem »Wochenendplenum« die Wünsche, Ideen und Vorschläge aller Familienmitglieder und finden Sie Kompromisse, um möglichst viel unter einen Hut zu bekommen.

So haben alle im Vorfeld die Gelegenheit, sich zu äußern, eigene Ideen mit einzubringen, und man kann auf diese Weise bereits aufwändigere Dinge planen. Alle können dann rechtzeitig ihre Sachen packen, Besorgungen tätigen, in der Bücherei Karten aus der Umgebung besorgen, sich Ausflugsziele heraussuchen ... So bleibt am Wochenende selbst viel mehr Zeit, den geplanten Ausflug in vollen Zügen zu genießen, ohne sich erst dann mit notwendigen Vorbereitungen aufzuhalten.

Würfelglück

Schreiben Sie alle Wünsche und Ideen auf kleine Zettel. Je nachdem, wie groß Ihre Familie ist, können Sie die Ideen auch auf eine pro Person beschränken. Die Zettel werden gefaltet, nummeriert und gut durchgemischt. Nun darf z.B. das »Nesthäkchen« der Familie sein Würfelglück probieren. Wird beispielsweise eine Drei gewürfelt, öffnet man den entsprechenden Zettel und dieser Vorschlag wird dann ohne Gemaule von allen Familienmitgliedern akzeptiert. Je nachdem, wie zeitaufwändig diese Ideen sind, kann man am Wochenende ja auch mehrmals auswürfeln!

Überraschungspost am Wochenende

Notieren Sie die Ausflugsziele oder anderen Wochenendwünsche jeweils auf einer Postkarte. Die Karten werden in einzelne Briefumschläge gesteckt, an die eigene Adresse adressiert und frankiert. Ab sofort wird nun jeden Donnerstag (oder Freitag, je nachdem wie schnell und zuverlässig die Post bei Ihnen ist) ein Brief nach dem Zufallsprinzip ausgewählt. So

erhält die Familie an jedem Wochenende eine tolle Überraschungspost, auf der man dann eine Idee für dieses Wochenende findet! Dieses »Auswahlverfahren« weckt die Vorfreude aufs Wochenende und ist mal etwas ganz anderes. Vor allen Dingen ist es aber für die gesamte Familie eine richtige Überraschung, weil keiner mehr weiß, in welchem Kuvert welche Idee steckt ...

Monatsplan

 Entwerfen Sie eine Art Monatsplan, den Sie aus Tonkarton zeichnen und auf dem Sie die kommenden Wochenenden eintragen. Gemeinsam bei Kakao und Keksen könnten Sie erst einmal einige Vorschläge für Wochenendunternehmungen sammeln. Zusätzlich sollten Sie einen Kalender parat haben, in dem wichtige Termine stehen, die an Wochenenden anstehen. Beispielsweise der fünfzigste Geburtstag von Tante Sigrid oder die silberne Hochzeit der Großeltern.

Tragen Sie diese Termine in den Monatsplan ein und schreiben Sie in der Reihenfolge, auf die Sie sich einigen (hier kann auch gewürfelt werden, siehe links), die Vorschläge für Ausflüge und andere Unternehmungen in den Plan.

Fairerweise sollten aber an diesen im Planer stehenden Terminen alle Familienmitglieder teilnehmen. Nicht dass jemand nur dann teilnimmt, wenn die Dinge gemacht werden, die ihm gefallen ...

In der Großküche

 In einer Großküche findet einmal pro Woche eine Teamsitzung statt. Während dieser werden dann die Gerichte diskutiert, die es in der kommenden Woche geben soll. Darüber hinaus wird eine Liste erstellt, welche Lebensmittel dafür benötigt und eingekauft werden müssen.

Spielen Sie an den Wochenenden mal Großküche! Setzen Sie sich freitags zusammen und bereden Sie die Wochenendmahlzeiten. Was wird gekocht, wer kocht und vor allen Dingen – welche Lebensmittel werden für das anstehende Wochenende gebraucht und müssen besorgt werden? Das vermeidet Nörgeleien um die Mahlzeiten, weil alle mitbestimmen können.

In einer Großküche ist es wichtig, dass die Köche Hand in Hand arbeiten. So sollte es auch in der Familie sein. Gerade am Wochenende können alle mithelfen! Das macht nicht nur wesentlich mehr Spaß, sondern es bleibt auch mehr Zeit, die allen hinterher zum Spielen, für Unternehmungen etc. bleibt. Davon mal ganz abgesehen lernen die Kinder dabei kochen.

Spaghettitag

Wie wäre es denn, wenn Sie den Samstag zum Spaghettitag erklären? Früher gab es einen solchen Spaghettitag einmal in der Woche bei meiner Oma Elfi. Dort trafen sich dann die Familienmitglieder, die richtige Spaghettifans waren. Dieses Spaghettiessen war jedes Mal ein tolles Ereignis! Dafür spricht besonders, dass eigentlich alle Kinder Spaghetti lieben. Somit haben Sie den Streit um die Mahlzeit schon von vornherein eingedämmt.

Übrigens muss das nicht heißen, dass es an einem Spaghettitag immer nur Spaghetti mit Tomatensoße gibt! Man kann zu Spaghetti die verschiedensten Soßenvarianten (z.B. Käse-, Gemüse- oder Sahnesoße) anbieten oder sie auch mit Spinat und überbackenen Schafskäse, gebratene Pilzen in Knoblauchsoße, gerösteten Knoblauch in Olivenöl ... zubereiten.

Oder wie wäre es mit Spaghetti-Konfetti (mit Gemüsewürfeln aus Kohlrabi, Paprika, Zucchini etc.) oder gebratenen Spaghetti mit Zwiebeln, Mais, Ei und Käse ... Natürlich könnten Sie diesen Spaghettitag so erweitern, dass eben alles rund um Pasta erlaubt ist.

Weniger ist manchmal mehr

Bitte achten Sie immer darauf, dass Sie nicht zu viele Aktivitäten für das Wochenende planen. Jeder braucht einen gewissen Freiraum, der ihm auch gewährt werden und zur freien Verfügung stehen sollte. Oft bieten schon die Werktage ein zu volles Programm, da darf sich jeder am Wochenende auch mal eine Pause gönnen, um abzuschalten. Und wie man sich entspannt, sollte jedem selbst überlassen bleiben. Der eine treibt eine Stunde Sport und ein anderer nimmt ein warmes Bad oder liest gemütlich eingekuschelt auf dem Sofa ein spannendes Buch!

Familienkonferenz

Einmal in der Woche sollten Sie sich und Ihren Kindern etwas besonders Gutes tun und eine Art Familienkonferenz abhalten. Nehmen Sie sich dafür wirklich Zeit und Ruhe. Stellen Sie sich vor, es wäre eine wichtige Sitzung, wie man sie auch beruflich dann und wann hat. Es werden keine Telefongespräche in dieser Zeit entgegengenommen, der Fernseher bleibt aus, alle sind bei der Sache.

Setzen Sie sich gemütlich zusammen. Wer mag, kann für diese Sitzung Getränke bereitstellen und sich etwas zum Schreiben hinlegen, damit ein Familienmitglied »Protokoll« führen kann und die wichtigsten Dinge mitgeschrieben werden. So könnte man diesen Zettel für jeden zugänglich und sichtbar in der Wohnung anbringen, damit alles nachgelesen werden kann. Wenn jemand ständig die aufgestellten Regeln bricht, könnte man sich das Protokoll auch als »Beweis« zur Hilfe nehmen.

In der Teamsitzung haben alle Familienmitglieder was zu sagen

Bei dieser Familienkonferenz werden dann all die Dinge besprochen, die sich im Laufe der Woche angesammelt haben, jemandem Sorgen bereiten, über die man sich geärgert hat. Im Zusammenleben gibt es immer wieder Sachen, die einem auffallen, die einen stören, mit denen man so in dieser Form nicht klarkommt, die man gerne beseitigt und geändert haben möchte etc. Deshalb bietet eine offizielle Familienkonferenz die wunderbare Möglichkeit, diese Dinge ganz offen und ehrlich anzusprechen, zu diskutieren und gemeinsam Lösungen und Wege zu finden, damit das Zusammenleben weiterhin harmonisch vonstatten gehen kann.

Hilfreich kann auch eine Art Meckerkasten sein. Dazu bemalt, beklebt oder gestaltet man einen Schuhkarton samt Deckel auf andere Weise schön um und stellt ihn an einen für alle zugänglichen Platz. Während der Woche kann dann jeder, wenn er etwas auf dem Herzen hat, Wünsche, Sorgen, Ängste oder dergleichen mit sich herumträgt, diese auf einen Zettel schreiben und in den Mecker- oder Kummerkasten stecken. Bei der wöchentlichen Familienkonferenz nimmt man sich dann alle darin befindlichen Zettel vor und geht diese Punkt für Punkt durch. Anstelle eines solchen Kummerkastens können Sie auch auf einer Pinnwand, Tafel oder einem ausgehängten Zettel Diskussionspunkte notieren, die einem während der Woche durch den Kopf gehen. Der Zettel ist dann Grundlage für die nächste Familienkonferenz.

Wenn's mal was zu meckern gibt

Natürlich möchte ich Ihnen auch einige konkrete Inhalte aufzeigen, die man auf einer Familienkonferenz zusammen besprechen kann und die für das freundschaftliche Zusammenleben oftmals eine entscheidende Rolle spielen:

Fernsehplan entwerfen

In vielen Haushalten läuft für mein Empfinden viel zu oft der Fernseher. Es ist richtig erschreckend, wie lange und wie häufig schon kleine Kinder vor dem Fernseher sitzen und sich berieseln lassen. Um dies etwas einzudämmen, könnten Sie einen Fernsehplan entwerfen.

Legen Sie sich einen Zettel mit den jeweiligen Wochentagen an und kopieren Sie ihn, damit Sie ihn nicht jede Woche neu schreiben müssen. Nun dürfen sich alle zwei bis drei Sendungen aussuchen, die sie diese Woche anschauen wollen. Das soll nicht heißen, dass die Kinder jede Woche dreimal fernsehen müssen! Wenn nichts Interessantes und Altersgemäßes läuft, braucht auch eine Woche mal gar kein Fernseher zu flimmern. Natürlich sollten die Sendungen dem Alter entsprechend herausgesucht werden.

Übrigens sollten Sie, was das Fernsehen betrifft, Ihre Vorbildfunktion nicht unterschätzen. Sitzen Sie selbst regelmäßig vor dem Bildschirm, ist es recht schwer die Kinder zu überzeugen, dass sie nicht so viel gucken sollen! Kinder halten sich nicht daran, was man sagt, sondern daran, was man tut.

Taschengeldgespräche

Eine Familienkonferenz bietet sich hervorragend für Taschengeldgespräche an. Dabei könnte man das Taschengeld auch für die kommende Woche austeilen oder dann und wann über eine Taschengelderhöhung diskutieren. In manchen Familien kommt es immer wieder zu Streitereien darüber, ob denn nun das Taschengeld schon verteilt worden ist oder noch nicht. Dafür könnte man ein kleines Heft angelegen, in dem man das Datum der »Auszahlung« schriftlich festhält. Oder die Kinder bekommen ihr Taschengeld gleich regelmäßig zu diesem Anlass, beispielsweise immer Sonntags nach dem Mittagessen auf der Familienkonferenz.

Speiseplan

Entwerfen Sie auf der Familienkonferenz am Wochenende einen Speiseplan für die nächste Woche. Reihum darf sich jeder ein Gericht aussuchen, das gekocht wird. Das notiert man auf dem Speiseplan und erstellt dazu gleich eine Einkaufsliste mit den Zutaten. Sie sparen Zeit, weil Sie so gezielt einkaufen gehen und nicht erst hin und her überlegen müssen, was Sie bloß heute schon wieder kochen sollen! Außerdem spart es auch Geld, weil man sonst häufig Dinge einkauft, die zu guter Letzt beim Kochen doch nicht verwertet werden!

Terminkoordination

Terminkoordination – das klingt sehr fachmännisch und professionell. Aber Terminabsprachen sollte man auch im familiären Zusammenleben treffen. Sie können ja schließlich auch nicht einfach willkürlich Termine ausmachen, ohne sich entsprechend jemand für die Kinder zu organisieren.

Gehen Sie der Reihe nach die Termine aller Familienmitglieder durch: Kinderturnen, Elternabend im Kindergarten, Vorstandssitzung in der Schule, Zahnarzttermin usw. Dabei können Sie gleichzeitig **So behalten alle den Durchblick** absprechen, wer welchen Termin wahrnimmt. Zum Beispiel kann auch der Papa mal an einem Elternabend im Kindergarten teilnehmen oder am späten Nachmittag mit dem »Großen« zum Zahnarzt fahren. Wenn Sie dabei auf Termine stoßen, die parallel liegen, suchen Sie gemeinsam nach einer Lösung, damit beide wahrgenommen werden können.

Zum Schluss tragen Sie am besten all diese Termine in einen Familienkalender ein. Die Kinder können dann daraus selbst ersehen, wann sie sich mit einer Freundin verabreden oder sich ein Kind zum Spielen einladen können.

Arbeitsplan

Der Arbeitsplan für die kommende Woche steht wieder an: Wer ist für den Müll zuständig? Wer kocht an welchem Tag? Wer ist in dieser Woche dran, die Spülmaschine ein- und auszuräumen? Wer besorgt Getränke und welches Familienmitglied ist für Altglas und Altpapier verantwortlich? Im Haushalt ist immer viel zu tun. Nicht nur Sie als Elternteil sollten sich dafür verantwortlich fühlen! Auch Kinder können kleine Aufgaben übernehmen, die sich je nach Alter entsprechend steigern und umfangreicher werden.

Überlegen Sie auf der nächsten Familienkonferenz einmal, welche Aufgaben im Haushalt anfallen und welche die Kinder davon in Eigenregie erledigen können. Anschließend teilen Sie diese Aufgaben so ein, dass jeder eine Pflicht zu erfüllen hat. Notieren Sie sich dies in einem wöchentlichen Arbeitsplan und weisen Sie die Kinder ruhig regelmäßig (etwa beim Mittagessen) darauf hin, falls es mit der Erfüllung der Aufgaben nicht so gut klappen sollte!

Die Söhne meiner Freundin Claudia beispielsweise müssen im Wechsel einmal pro Woche mittags kochen, weil sie vorher ständig am Essen herumgenörgelt hatten. Auch ich kann mich noch gut daran erinnern, dass meine Schwester und ich Kochdienst hatten, weil die Mahlzeiten nicht nach unserem Geschmack waren. Mittlerweile bin ich ja selbst Mutter und weiß, wie deprimierend es ist, täglich ein Mittagessen auf den Tisch zu bringen und drei kleinen Rackern dabei zuzusehen, wie sie mit langen Gesichtern lustlos im liebevoll zubereiteten Essen herumstochern. Wenn dann auch noch ständig Kommentare kommen wie »Mag ich nicht! Ih, das ess ich nicht!«, kann einem die Lust aufs tägliche Kochen wirklich vergehen. Wieso sollten die Kinder dann nicht mal diese Aufgabe übernehmen und etwas kochen, was ihnen schmeckt? Und auch dabei lernen, dass das gar nicht so einfach ist ...

Ich möchte ...

Kinder haben oft ganz bestimmte Vorstellungen davon, was sie wollen und was nicht. Dann fällt ihnen dieses oder jenes ein, was sie dringend, unbedingt und sofort brauchen. Greifen Sie diese Wünsche ruhig auf der nächsten Familienversammlung auf und sprechen Sie darüber. Die Kinder fühlen sich so besser verstanden, ernst genommen und können mit darüber entscheiden, welche Lösungen ihren Vorstellungen am nächsten kommt.

Beispielsweise hat Ihre Tochter Lust, regelmäßig turnen zu gehen und an einem Selbstverteidigungskurs teilzunehmen, und Ihr Sohn hat sich in den Kopf gesetzt, Schlagzeugspielen zu lernen. Ihre älteste Tochter dagegen möchte unbedingt einen Hund, um den sie sich auch wirklich ganz selbständig kümmern würde ...

Auf einer Familienkonferenz können Sie die Vorteile, Nachteile, alle Wenn und Aber diskutieren. Vielleicht finden sich ja akzeptable Zwischenlösungen, die vor der endgültigen Entscheidung erst einmal ausprobiert werden. Beispielsweise könnte man mit den Kindern im Verein eine altersentsprechende Turnstunde zum »Schnuppern« besuchen. Bevor man sich für den zehnwöchigen Selbstverteidigungskurs anmeldet, sollte man vielleicht

erst einmal ein Wochenendangebot aus diesem Bereich wahrnehmen, um zu sehen, ob einem diese oder jene Verteidigungsart überhaupt liegt. Und bevor Sie einen Hund kaufen, kann Ihre Tochter an anderen Dingen erproben, ob sie wirklich regelmäßig Verantwortung übernehmen will. Sicher haben Sie auch ein Tierheim in der Nähe, dort könnte sie regel- **Vielleicht lässt sich der Ernstfall vorher proben?** mäßig einen Hund ausleihen, um mit ihm spazieren zu gehen. Oder vielleicht haben Sie Bekannte, die ihren Hund gerne mal für ein paar Tage abgeben und versorgt wissen, wenn sie in Urlaub fahren.

Zum Schluss

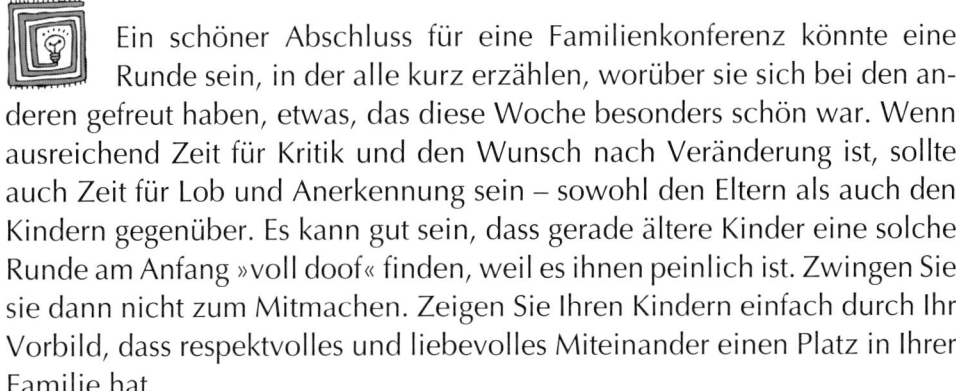

Ein schöner Abschluss für eine Familienkonferenz könnte eine Runde sein, in der alle kurz erzählen, worüber sie sich bei den anderen gefreut haben, etwas, das diese Woche besonders schön war. Wenn ausreichend Zeit für Kritik und den Wunsch nach Veränderung ist, sollte auch Zeit für Lob und Anerkennung sein – sowohl den Eltern als auch den Kindern gegenüber. Es kann gut sein, dass gerade ältere Kinder eine solche Runde am Anfang »voll doof« finden, weil es ihnen peinlich ist. Zwingen Sie sie dann nicht zum Mitmachen. Zeigen Sie Ihren Kindern einfach durch Ihr Vorbild, dass respektvolles und liebevolles Miteinander einen Platz in Ihrer Familie hat.

Anhang

Seminare mit der Autorin

Sabine Seyffert ist staatlich anerkannte Erzieherin, Entspannungspädagogin und Psychologische Beraterin. Als Autorin ist sie freiberuflich tätig. Mittlerweile hat sie zahlreiche Bücher mit Beschäftigungsideen für Kinder sowie solche im Bereich Entspannung veröffentlicht. Ihren beruflichen Schwerpunkt bilden Fortbildungsveranstaltungen für PädagogInnen, die sich in der Entspannungsarbeit mit Kindern weiterbilden möchten. In Zusammenarbeit mit einer Kollegin bietet sie seit 1999 erfolgreich eine berufsbegleitende Ausbildung zur Entspannungspädagogin für Kinder an.

Wer an Veranstaltungen mit der Autorin interessiert ist, richtet sich bitte schriftlich an folgende Anschrift und legt 4,40 DM in Briefmarken als Schutzgebühr bei:

Praxis für Entspannungspädagogik
Sabine Seyffert
Postfach 11 05 23
42305 Wuppertal

Empfehlenswerte Bücher und Tonträger

 Bücher zur Kinderbeschäftigung, für Entspannung und gegen Langeweile

Auf sanften Pfoten schleicht die Katze: Übungen und Geschichten zum Bewegen und Entspannen

Um entspannen zu können, brauchen Kinder heute nicht nur Ruhe, sondern vor allem auch Bewegung. Nur so können sie Stress abbauen. Die Übungen und Phantasiereisen dieses Buches entsprechen beiden Bedürfnissen auf ideale Weise.
Sabine Seyffert, München 2000

Ein Himmel voller Luftballons

Ein Buch mit über hundert lustigen Spielaktionen zum Toben, Entspannen, Träumen und Basteln sowie Geschichten zum Vorlesen rund um den Ballon. Für Kinder ab 3 Jahren.
Sabine Seyffert, Münster 1996

Heute Regen, morgen Sonne: Entspannungsgeschichten, die selbstbewusst und mutig machen

Enthält Entspannungsgeschichten rund um Gefühle wie Wut und Angst, aber auch Geschichten über Liebe und Geborgenheit sind darin zu finden.
Sabine Seyffert, Würzburg 2000

Hurra, es regnet: Spiel- und Beschäftigungsideen für verregnete Tage oder Feste

Spiele, die man eben nur bei Regen spielen kann, aber auch Ideen für drinnen, wenn man nass genug worden ist. Dazu Geschichten zum Vorlesen rund um den Regen. Eine Fundgrube für nasse Tage!
Sabine Seyffert, Wuppertal 1999

Im bunten Bastelspielland

Ein Buch mit zahlreichen Spiel- und Beschäftigungsideen. Dafür werden ausschließlich kostenlose Materialien gebraucht: Steine, Papier, Tücher, Decken, Schachteln, Bälle u.v.m.
Sabine Seyffert, Münster 2000

Im Kribbel Krabbel Mäusehaus: Spiel-, Spaß-, Bastelideen und neue Lieder für kleine Racker

Eine Fundgrube für Eltern mit Kindern bis 3 Jahren. Darin finden sich Ideen, wie man aus kostenlosen Materialien tolles Kinderspielzeug herstellen kann, Tipps gegen Langeweile, Ratschläge und Erfahrungen zum »Chaos im Kinderzimmer« u.v.m.
Sabine Seyffert, Münster 1999

Komm mit ins Regenbogenland: Phantasiereisen, Entspannungsrätsel und Gute-Nacht-Geschichten

Ein Buch mit Phantasiereisen in jeder Länge, Ausführung und Dauer, dazu Entspannungsrätsel für jüngere Kinder und Gute-Nacht-Geschichten zum entspannten Einschlafen am Abend. Die Geschichten eignen sich wunderbar zum Vorlesen, Erzählen und immer dann, wenn die Kinder mal eine Pause brauchen.
Sabine Seyffert, München 1998

Lustige Fingerspiele für Klein und Groß

Ein Buch voll neuer, phantasievoller Fingerspiele für Kinder.
Bernd Kohlhepp, München 1998

Schmusekissen Kissenschlacht: Spiele zum Toben und Entspannen

Ein Buch mit zahlreichen tollen Spielaktionen rund um Kissen – egal ob man mit den Kissen toben und herumalbern möchte oder diese lieber nimmt, um sich auszuruhen und zu kuscheln.
Annette Breuker, Münster 1993

 ## Bücher zu Massagen mit Kindern

Harmonische Kindermassage: So fördern Sie das Wohlbefinden Ihres Kindes

Eine ausführliche Anleitung für Kindermassagen, dabei werden auch die Körperreflexzonen erklärt sowie der Einsatz von ätherischen Ölen, Musik, Farben und Düften angeregt.
Heidi Velten, Bruno Walter, München 2000

Heile, heile Segen: Massagen für Ihr Kind

Ein schönes, umfangreiches Buch zum Thema Massagen für Kinder. Es erklärt viele verschiedene Massagetechniken, die durch detaillierte Zeichnungen anschaulich dargestellt werden.
Barbara Wanderer, München 1996

Viele kleine Streichelhände: Massagen und Entspannungsübungen mit Spielgeschichten und Liedern

Dieses Buch enthält zahlreiche sehr kindgerechte Massagen, bei denen sich die Kinder selbst oder gegenseitig massieren oder von den Eltern massiert werden.
Sabine Seyffert, Münster 1997

Zärtliche Eltern

Ein wunderschönes, einfühlsames Buch nicht nur für Eltern. Mit einigen Massagen zum Ausprobieren und schönen Fotos.
Marcella Barth, Zürich 1991

 ## Bücher zum Feiern und für Kinderfeste

Dschungelfest und Ritterparty: Mit Kindern feiern

Ein Festebuch zum entspannten Feiern mit Kindern. Es bietet Einladungsideen, Gestaltungsvorschläge, Spielaktionen zum Bewegen und Entspannen

bis hin zu Rezepten. Jedes der Feste schließt mit einer Phantasiereise ab, so dass für einen harmonischen, ruhigen Ausklang gesorgt ist.
Sabine Seyffert, Münster 1996

Konfetti-Tanz und Kerzen-Pusten: Kinderfeste feiern im ganzen Jahr

Egal ob für ein Karnevalsfest, Ostern, eine Gartenparty im Sommer, ein Fest zum Träumen mit Seifenblasen, bis hin zu einem Fest im Wald und einer himmlischen Feier, die das Buch abrundet: Hier finden sich Ideen für Einladungen, Gestaltungsvorschläge passend zum Festmotto, Rezeptideen und zahlreiche Spielaktionen.
Sabine Seyffert, München 1999

 ## Beschäftigungsbücher für die Herbst- und Adventszeit

Eiskristall und Kerzenlicht

Ein Buch rund um die Weihnachtszeit. Mit Rezepten zum Backen, Bastelideen, Spielaktionen für drinnen und draußen im Schnee, Entspannungsrätseln und Liedern.
Sabine Seyffert, München 1999

Freut euch, Weihnachtskinder

Tolle Ideen für pfiffige Adventskalender, weihnachtliche Massagen, neue Dekorationsideen, Spielaktionen und Lieder.
Sabine Seyffert, Münster 2000

Laternentanz und Lichterglanz: Spiele, Lieder und Basteleien rund um die Laternenzeit

Laternen zum Basteln, Raumschmuck, Rezepte, Lieder und jede Menge lustiger Spielaktionen.
Sabine Seyffert, Münster 1999

Meine WeihnachtsZauberwelt

Die Geschwister Nele und Florin bekommen in diesem Buch einen ganz besonderen Adventskalender. Darin findet sich an jedem Tag ein Zettel: mal mit einer schönen Bastelidee, mal mit einem kinderleichten Rezept oder mit Spielaktionen, Fingerspielen, Liedern, eine Massage und anderen Gestaltungsvorschlägen.

Sabine Seyffert, Münster 1998

 ## Bilderbücher zum Vorlesen über Gefühle, zum Nachdenken und Zuhören

Gefühle sind wie Farben

Ein Buch rund um die Gefühle, die Kinder aus ihrem Alltag kennen. Sie lernen darüber zu sprechen, Verständnis für die eigenen Gefühle zu entwickeln und auch die Gefühle anderer zu verstehen.

Aliki, Weinheim 1987

Kein Tag für Juli

An diesem Tag geht bei Juli einfach alles schief, was man sich nur vorstellen kann. Ein Buch, das Kindern zeigt, dass es im Leben auch mal »graue Tage« geben kann, es aber immer wieder »bergauf« geht.

Jutta Bauer, Kirsten Boie (Ill.), Weinheim 1991

Olli Krachmacher entdeckt die Stille

Eines meiner Lieblingsbücher, das die Kleinen auf sehr kindgerechte Weise an das Thema Stille heranführt.

Karin Seyer-Sauke, Margret Lochner (Ill.), Fürth 1994

Die Piraten auf dem Spielzeugmeer

Fünf Spielkameraden machen die Entdeckung, dass selbst der tollste, größte Berg aus Spielzeug nicht hilft, die Langeweile zu vertreiben. Das Buch ermutigt Kinder, ihrer Phantasie freien Lauf zu lassen, und schon beginnt ein aufregender Nachmittag.

Julia Volmert, Sabine Wiemers und Frank Richter (Ill.), Wuppertal 1996

Streiten gehört dazu, auch wenn man sich lieb hat

Ein schönes, ehrliches Bilderbuch, das Kindern zeigt, dass sich auch Eltern streiten dürfen, weil Streiten ganz normal ist und einfach zum Leben dazu- gehört.
Jana Frey, Dagmar Geißler (Ill.), Ravensburg 1996

Vater Bär hat's schwer!

Ein lustiges Bilderbuch über einen »bärenstarken« Rollentausch. Mutter Bär verreist und Vater Bär muss Kinder und Haus versorgen. Was dabei heraus- kommt? Allerlei, worüber man herzhaft lachen kann!
Christa Wisskirchen, Münster 1995

 ## Spannende und lustige Bücher zum Vor- und Selbstlesen

Die Klassiker von Michael Ende wie *Die unendliche Geschichte*, *Momo*, *Der satanärcholügenialkohöllische Wunschpunsch*, Astrid Lindgrens *Mio, mein Mio*, *Ronja Räubertochter* und *Pippi Langstrumpf* oder die Bücher von Ottfried Preußler, Paul Maar und die Romane um Harry Potter von J.K. Rowlings eignen sich wunderbar zum Lesen, Zuhören, Nachdenken, Rät- seln und Reden.

Meine Töchter empfehlen außerdem:

Das halbierte Hexenbuch
Julia Volmert, Wuppertal 1996

Der kleine Hobbit (Taschenbuch)
J.R. Tolkien, München 1974

Latte Igel
Sebastian Lybeck, Stuttgart 1988

Märchenmond (Taschenbuch)
Heike und Wolfgang Hohlbein, München 1998

Nis Puk, Band 1-3 (Sammelband als Taschenbuch)
Boy Lornsen, München 1998

Die schwarze Stadt/Im Bann der Göttin/Das zerbrochene Schwert/
Das Juwel der Macht (Taschenbücher)
Tamora Pierce, Würzburg 1997–1999

Bücher für die »gestressten Mütter«

Entspannung für gestresste Mütter: Neue Kraft schöpfen

Ein Buch für Mütter, das hilft, mit all dem Stress fertig zu werden, dem sie tagtäglich ausgesetzt sind. Es bietet eine Einführung in das autogene Training, Phantasiereisen, wohltuende Massagen und kurze Entspannungsübungen sowie zahlreiche Tipps zum Gestalten eines entspannten Alltags.
Sabine Seyffert, Freiburg 1998

Gute Mädchen kommen in den Himmel, böse überallhin

Der Bestseller von Ute Ehrhardt, der Frauen stärkt und ihnen Mut macht, selbstbewusst aufzutreten und sich erfolgreich zur Wehr zu setzen.
Ute Ehrhardt, Frankfurt 1994

Der kleine Erziehungsberater

Eine überaus fröhliche Lektüre zum Schmunzeln! Auch als MC/CD erhältlich – wem die Zeit zum Lesen fehlt, der kann sie beim Kochen, Bügeln oder Autofahren hören.
Axel Hacke, München 1992

Was tut die Bananenschale unterm Bett: Im Kinderchaos Nerven bewahren und Spielregeln finden

Ein Buch zum Thema Chaos in Kinderzimmer. Zeigt Beispiele und Ideen auf, dieses Chaos in Grenzen zu halten und gemeinsame Lösungen zu finden! Pfiffig geschrieben – man findet sich als Elternteil auf jeden Fall wieder.
Xenia Frenkel, Freiburg 1997

Empfehlenswerte Tonträger mit meditativer Musik

Lawrence Carls und Volker Zöberlein: *Sandalin. Harmonische Instrumentalmusik zum Träumen für Kinder*. Edition Neptun, München 1993

Deuter: *The Land of Enchantment*. Kuckuck Schallplatten ERP Verlag, München 1996

Gomer Edwin Evans: *Baby Dreams. Harmonische Instrumentalmusik zum Einschlafen für Babys und Kleinkinder*. Edition Neptun, München 1997

Gomer Edwin Evans: *Gute-Nacht-Musik*. Edition Neptun, München 1993

Gomer Edwin Evans: *Mutter und Kind. Entspannungsmusik*. Edition Neptun, München 1993

Hans-Jürgen Hufeisen: *Flötenzauber*. Edel Company, Hamburg 1994

Franz Schuier: *Musik zum Einschlafen. So schlafen und träumen Kinder gut.* Kösel, München 2001

Arnd Stein: *Harmonie Vol. 1&2*. Verlag für therapeutische Medien, Iserlohn 1992

Danke

Noch nie habe ich an einem Buch so lange Zeit gearbeitet, dafür Ideen gesammelt und daran geschrieben wie an diesem. Dennoch hat mir gerade dieses äußerst viel Spaß und Freude gemacht – besonders weil ich dadurch mit vielen anderen Eltern, vor allem Müttern, ins Gespräch kam, die weitere Anregungen für das Manuskript hatten. Aber auch deshalb, weil ich selbst Mutter von drei Töchtern bin und immer wieder Dinge ausprobiere, die den Alltag für uns als Familie entspannter und harmonischer machen.

 Deshalb möchte ich den Schluss dieses Buches dazu nutzen, mich ganz herzlich zu bedanken:

❑ bei allen meinen KursteilnehmerInnen – insbesondere den PädagogInnen, die ja überwiegend Kontakt zu etlichen Müttern pflegen und deshalb auch zahlreiche Ideen hatten – für ihre Wünsche, Anregungen und Themenvorschläge

❑ bei all meinen Freundinnen, mit denen ich gerne viel Zeit verbringe, Kuchen esse, Tee trinke und ausführlich darüber plaudere, wie man sich den Alltag als Mutter leichter machen kann. Besonders bei Vera, Renate und Heike sowie ihren großen und kleinen Rackern: Tom Felix, Isabel, Johanna, Tabea, Kira, Christian und Sebastian – ohne die unsere Treffen ziemlich langweilig und ruhig ablaufen würden

❑ bei meiner Freundin und Kollegin Claudia, die mit ihren zwei älteren Söhnen viele wertvolle Tipps beigesteuert hat. Deshalb auch ein Dank an Tim und Tom, die so ebenfalls in diesem Werk verewigt sind

❑ bei Heike Mayer, meiner Lektorin bei diesem Buchprojekt. Ich freue mich, dass wir nun endlich einmal zusammenarbeiten konnten und dass die Zusammenarbeit so hervorragend und harmonisch abläuft, wie ich es beim Kösel-Verlag kennen gelernt habe.

❐ Den größten Dank möchte ich zu guter Letzt meiner ganzen Familie, im Besonderen meinem Mann und meinen drei Töchtern schenken. Sicherlich ist unser Familienleben alles andere als langweilig ... Durch meine Freiberuflichkeit und die Arbeit als Autorin kommt leider oft viel Unruhe in unseren Alltag. Dennoch schaffen wir es gemeinsam immer wieder, zur Ruhe zu kommen, Zeit für einander zu haben und unser Zusammensein in vollen Zügen zu genießen. Ich wünsche mir, dass wir auch weiterhin so liebevoll mit uns umgehen und auch in Zukunft viele glückliche Stunden haben.